KB269924

floral Collection for hand Embroidery

나의 첫 꽃 자수

마리아 디아즈 지음 | 서나연 옮김

홈스토리

누구나 쉽게 정원을 수놓다
나의 첫 꽃 자수

초판 1쇄 인쇄 2015년 6월 25일
초판 1쇄 발행 2015년 6월 30일

지은이 마리아 디아즈
펴낸이 안종남

펴낸 곳 지식인하우스
브랜드 홈스토리
출판등록 2011년 3월 31일 제 2011-000058호
주소 121-904 서울시 마포구 월드컵북로400(상암동) 문화콘텐츠센터 5층 5호
전화 02)6082-1070
팩스 02)6082-1035
전자우편 jsinbook@naver.com
블로그 blog.naver.com/jsinbook

ISBN 979-11-85959-11-5 13630

저의 자수 디자인 책을 한국에 소개하게 되어 정말 영광이라 생각합니다. '나의 첫 꽃 자수'에는 자수로 할 수 있는 다양한 패턴들을 소개합니다.

모든 패턴에 실 색상과 스티치 방법을 표시해 두었습니다. 하지만 정해진 방법대로만 따라해야 하는 것은 아닙니다. 각 패턴을 다양한 방법으로 응용해 보세요. 초보자도 백 스티치(박음질)만을 이용하여 아름다운 작품을 만들 수 있습니다. 노련한 전문가라면 창의성을 발휘하여 다채로운 스티치 방법으로 패턴을 채워보는 것도 좋겠지요.

누구나 쉽게 200개가 넘는 도안으로 정원을 수놓다!

예쁜 꽃무늬에서 기발한 모티프를 활용한 디자인까지, 꽃 자수에 필요한 모든 것을 한 권에 담았습니다. 크기를 적절하게 바꾸어 식탁보, 수건, 쿠션, 의복 등을 아름답게 꾸밀 수도 있어요. 이 책 속 도안들을 바탕으로 여러분의 상상력을 마음껏 펼쳐 보세요. 여러 모티프를 함께 수놓아 자신만의 개성 있는 샘플러를 만들어 보면 어떨까요?

Maria Diaz

도구 Tools

자수는 멋진 취미 활동입니다. 필요한 재료가 비교적 적기 때문에 간편하게 가지고 다니면서 수를 놓을 수도 있습니다. 꼭 필요한 재료는 바늘, 실, 천이 전부입니다. 물론 다른 몇 가지 기본 도구들을 갖추면 더욱 편리하겠지요. 처음 자수를 시작할 때 구비해두면 더 편리한 도구를 소개합니다.

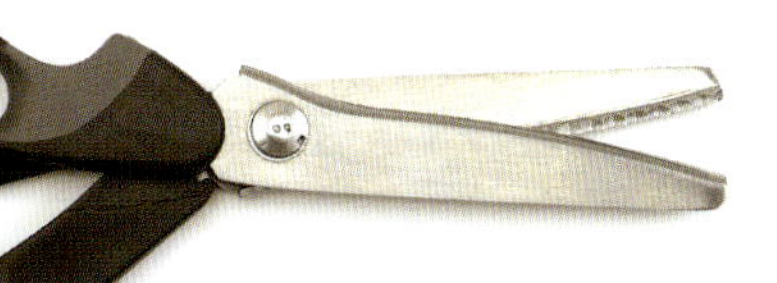

재단 가위 혹은 큰 가위 천을 자를 때 사용합니다.

자수용 가위(쪽가위)나 작고 잘 드는 가위 실을 자를 때 사용합니다.

실꿰기 바느질할 때마다 늘 편리하게 사용합니다.

바늘 바늘의 종류는 다양하지만 다음 두 가지가 가장 널리 쓰입니다.

자수 바늘 끝이 아주 뾰족해서 섬세한 작업을 할 때 가장 적합하며, 면이나 실크 소재의 천에 수를 놓을 때 꼭 필요한 바늘입니다.

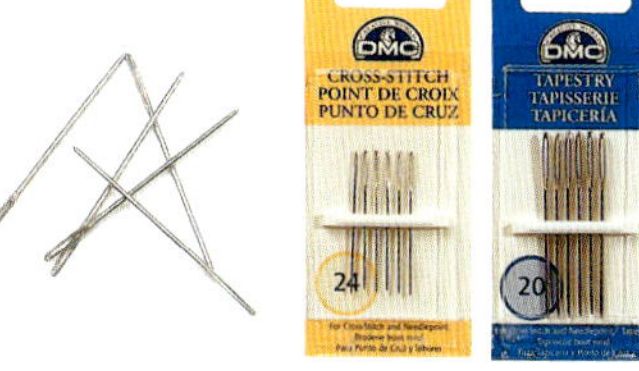

십자수 바늘이나 태피스트리 바늘 리넨이나 하덴거 원단, 아이다 원단처럼 올이 성긴 평직물에 사용하기 좋습니다.

원형 수틀 크기가 다양하고 사용하기 쉽습니다.

사각 수틀 큰 작품을 만들 때 적합하며 작업을 마칠 때까지 계속 틀에 고정해 둘 수 있어 편리합니다.

자수용 전사펜이나 연필 천에 직접 디자인을 하거나 도안을 옮겨 그릴 때 사용합니다.

시침핀 본뜨는 동안 패턴이 움직이지 않도록 고정하는 역할을 합니다.

줄자 천에 도안을 그릴 위치를 가늠할 때 사용합니다.

TIPS

수틀을 사용할 때는 천이 손상되지 않도록 안쪽 틀을 꼭 끼워야 합니다. 그리고 작업을 하지 않을 때는 언제나 틀에서 천을 빼두는 것이 좋습니다. 그렇지 않으면 천이 수틀 모양으로 늘어날 수도 있답니다.

DMC
CREATIVE WORLD

천 Fabrics

프리핸드 자수 기법은 어디에나 수를 놓을 수 있어 활용도가 아주 높습니다. 하지만 처음 시작할 때는 평직 천을 이용하는 것이 좋아요.

평직 천
면이나 리넨, 실크 소재의 천들이 여기에 속합니다.

이븐위브 천(Evenweave fabric, 균등평직)
하덴거(hardenger)나 아이다(Aida)처럼 동일한 수의 씨실과 날실로 짠 천을 말합니다. 이런 천은 테두리를 수놓을 때처럼 자유롭게 수놓는 자수 기법과 좀 더 규격화된 자수를 함께 섞어 작업하는 경우에 사용하기 좋습니다.

실 Threads

울로 만든 모사에서 실크 소재의 견사에 이르기까지 대부분의 실을 자수 작업에 사용할 수 있습니다. 자수 용도에 맞춰 제작된 실의 종류도 아주 다양하며, 실의 색 또한 굉장히 다채롭습니다. 여러 가닥의 실이 함께 꼬여 있는 종류도 있는데, 이런 경우에는 한 가닥씩 분리한 다음에 다시 필요한 가닥만큼 모아 써야 합니다.

크루엘 울 전통적으로 자수에 사용된 털실

펄 코튼 굵기가 다양하고 아름다운 광택이 나는 실

메탈사 이름 그대로 금속처럼 반짝이는 실입니다.

여기에 소개한 것은 자수에 쓸 수 있는 실 중 극히 일부에 지나지 않습니다. 여러분은 더 다양한 실을 이용할 수 있습니다. 심지어 리본으로 수를 놓을 수도 있답니다.

소프트 코튼 두껍지만 포근하고 부드러운 감촉의 실

꼬똥 아 브로더(코튼 어 브로더, Coton a broder) 한 가닥만으로 이루어진 실

스트랜디드 코튼(stranded cotton) 실제 자수에서 흔히 사용하는 DMC 25번처럼 6가닥으로 이루어진 실로 자수에서 가장 널리 쓰입니다.

새틴사 역시 6가닥으로 이루어진 실로 광택이 크게 나는 것이 특징입니다.

TIPS

실을 나누는 가장 좋은 방법은 적당한 길이로 자르는 것입니다. 매듭이 생기지 않도록 약 45cm(18인치) 정도 길이로 나누어 자르면 적당해요. 자른 실은 엄지손가락과 집게손가락 끝으로 단단히 잡고 한 번에 한 가닥씩 빼내면서 분리하면 됩니다.

TIPS

자수실은 쉽게 매듭이 지어지기 때문에 짧은 길이로 잘라 사용하는 것이 좋습니다.

1 러닝 스티치 Running Stitch (홈질)

용도 – 윤곽선, 직선, 곡선

오른쪽에서 왼쪽으로 진행하세요.
바늘을 ①번 자리에서 천 앞쪽으로 뽑아 올린 다음, ②번 자리에서 뒤로
꽂아요. 다시 ③번 자리에서 바늘을 앞으로 빼고 ④번 자리에서 뒤로 꽂
아요. 같은 방법으로 반복하여 주세요.
두 바늘땀의 간격은 바늘땀 하나의 길이와 같거나 조금 더 짧게 해주세
요. 바늘땀의 간격에 따라 전체적인 모양도 달라집니다.

TIPS
스티치가 고르게 펴질 수 있도록 적당한 힘으로 실을 당겨 주세요. 실을
너무 세게 잡아당기면 수가 오그라들 수 있습니다. 러닝 스티치를 변형
한 레이스드 러닝 스티치도 함께 알아두면 좋습니다.

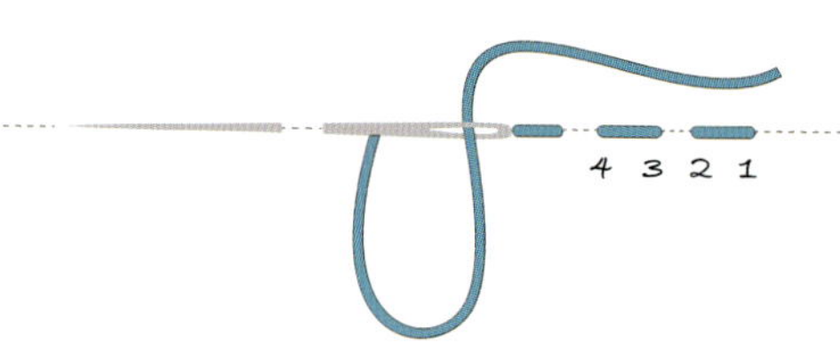

2 스템 스티치 Stem Stitch

용도 – 윤곽선, 직선, 곡선, 식물의 줄기 표현
줄 간격을 촘촘하게 붙여 수놓으면 면을 채울 때 사용할 수도 있습니다.
수놓은 모양이 마치 밧줄처럼 보여요.

왼쪽에서 오른쪽으로 진행하세요.
바늘을 ①번 자리에서 천 앞쪽으로 뽑아 올린 다음, ②번 자리에서 뒤로
꽂아요. 바늘을 ①번과 ②번 사이의 가운데 ③번 자리에서 첫 번째 바늘
땀보다 약간 위로 오게 하여 앞으로 빼냅니다.
이때 실은 항상 바늘 아래쪽에 둡니다. 같은 방법으로 계속 수놓습니다.

TIPS
곡선을 표현할 때는 바늘땀을 짧게 하여 부드럽게 둥글려 주세요.

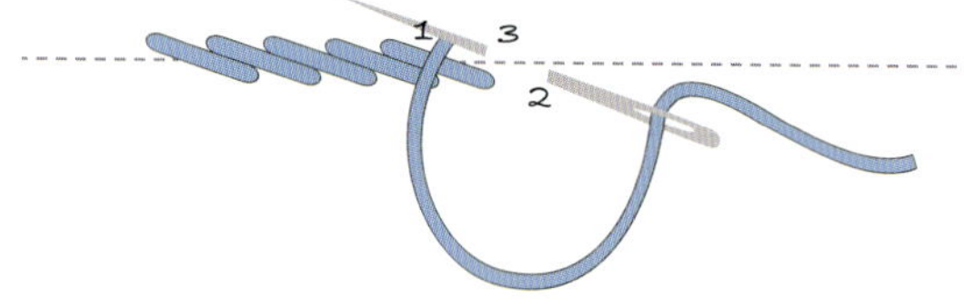

3 휘프트 스템 스티치 Whipped Stem Stitch

②의 스템 스티치 방법대로 바탕선을 먼저 수놓습니다. 다른 실 한 가닥
을 바늘에 꿰어 천의 뒷면에 고정합니다. 그런 다음 첫 번째 스템 스티치
의 반 땀 정도 되는 자리에서 바늘을 앞으로 빼내세요. 이번에는 바늘이
두 번째 스템 스티치의 아래를 지나도록 오른쪽에서 왼쪽 방향으로 밀어
넣습니다. 이때 천까지 함께 꿰매지 않도록 조심하세요.
이제 실을 잡아당겨 스템 스티치 위를 살짝 감싸며 지나도록 합니다. 바
탕선이 끝날 때까지 같은 방법을 반복하세요. 마무리를 하려면 마지막
스템 스티치 자리에서 바늘을 뒤로 꽂습니다. 실을 끝까지 잡아당긴 다
음 천 뒷면에 보이는 바늘땀 몇 개에 바늘을 넣었다 뺐다 하며 남은 실
을 꿰어 고정합니다.

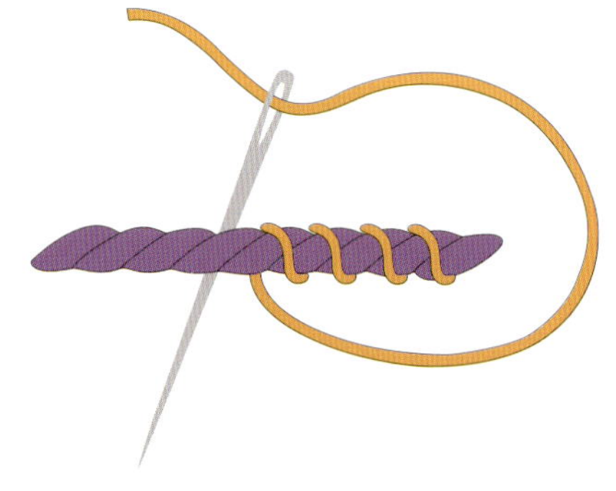

4 백 스티치 Back Stitch (박음질)

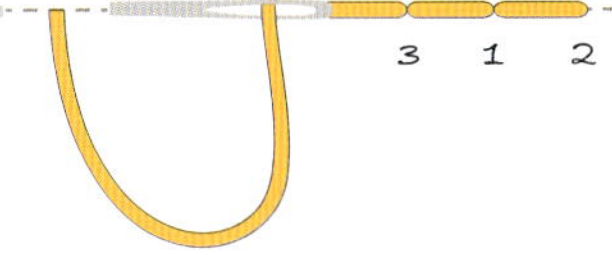

용도 – 윤곽선, 직선, 곡선

오른쪽에서 왼쪽으로 진행하세요.
바늘을 ①번 자리에서 천 앞쪽으로 뽑아 올린 다음, ②번 자리에서 뒤로 꽂아요.
바늘을 왼쪽으로 옮겨서 ③번 자리에서 위로 빼낸 다음, 다시 ①번 자리로 돌아가 뒤로 꽂아요.
같은 방법으로 반복해 주세요.

TIPS

곡선이나 모양을 표현할 때는 바늘땀을 짧게 해 주세요.

5 카우칭 Couching

용도 – 윤곽선, 직선, 곡선, 나선형 표현

자수가 뚜렷하고 입체적으로 보이도록 강조할 때나 테두리를 꾸밀 때도 쓸 수 있습니다.
굵은 바탕실(가로놓인 실)과 가는 실(카우칭하는 실), 두 가지 실을 사용하는 스티치 방법입니다.
바탕실을 디자인에 맞추어 천의 앞면에 놓습니다. 카우칭 실을 바탕실의 아래로
지나도록 빼낸 다음 바탕실을 감싸는 작은 스티치를 만듭니다. 이때 바늘은 바
탕실 위를 지나서 처음 바늘을 뽑아 올린 자리나, 그 바로 옆자리에 다시 넣어
주세요. 바늘땀의 간격을 일정하게 하면서 같은 방법으로 반복하여 바탕실을 천에
고정합니다. 마무리할 때는 바탕실과 카우칭 실을 모두 천 뒷면으로 가져와 고정합니다.

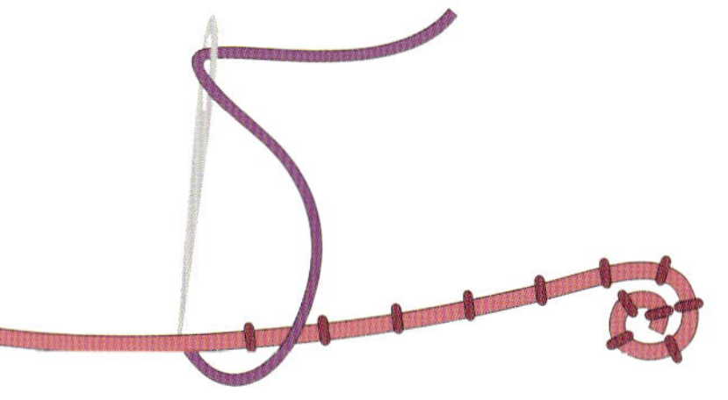

TIPS

바탕실과 카우칭 실의 색을 비슷하게 하면 조화롭게 어우러진 카우칭 스티치를 표현할 수 있고, 반대로 서로 대비되는 색실을 사용하면 카우칭
스티치를 돋보이게 할 수 있습니다.
바탕실이 단색일 때 카우칭 실은 DMC 코튼 플로스(DMC cotton Floss) 1가닥이 좋습니다. 메탈사를 바탕실로 사용할 때는 DMC 메탈사(DMC
Metallic) 1가닥으로 카우칭을 하세요.

6 체인 스티치 Chain Stitch

용도 – 윤곽선, 직선, 곡선
줄 간격을 촘촘하게 붙여 수놓으면 면을 채울 때 사용할 수도 있습니다.

위에서 아래로 진행하세요.
바늘을 ①번 자리에서 천 앞쪽으로 뽑아 올린 다음, 같은 자리에서 다시 뒤로 꽂아 고리를 만들어요.
바늘을 ②번 자리에서 천 앞쪽으로 뽑아 올린 다음, 실을 당겨 고리를 원하는 모양으로 만들어요.
여러 번 반복하여 사슬 모양을 만들어요.
한 줄을 끝내려면 마지막 고리 위로 작은 바늘땀을 떠서 고정하고 남은 실은 뒷면에서 정리합니다.

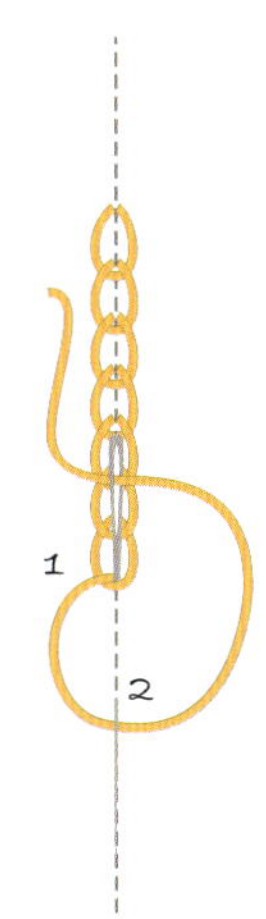

TIPS

실을 당길 때 주의하여 사슬을 고른 모양으로 만들어 주세요.

⑦ 스퀘어 스티치 Square Stitch

용도 – 그림에는 나란한 두 직선을 따라 수놓았지만, 너비가 다양한 여러 가지 형태를 수놓을 때도
사용할 수 있습니다.

Ⓐ 자리에서 실을 천의 앞쪽으로 뽑습니다. 고리가 생기도록 실을 약간 느슨하게 남겨둔 채, Ⓑ 자리
에서 바늘 끝을 뒤로 넣었다가 Ⓒ 자리에서 다시 앞으로 뽑아 고리를 고정합니다. 이때 실은 바늘 끝
아래에 두어야 합니다. 이렇게 하면 Ⓐ에서 Ⓒ까지의 거리가 바늘땀 한 개의 길이가 됩니다.
같은 방법으로 Ⓓ 자리에서 바늘 끝을 뒤로 넣었다가 다음 바늘땀을 시작할 자리에서 다시 앞으로
뽑습니다. 마무리를 할 때는 마지막 고리의 양쪽에 각각 작은 바늘땀을 떠주어 고정합니다.

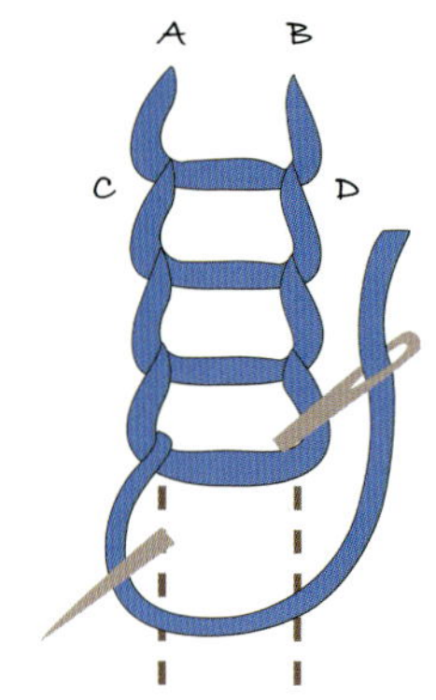

⑧ 블랭킷 스티치 Blanket Stitch

용도 – 직선, 완만한 곡선, 테두리, 가장자리 마무리

왼쪽에서 오른쪽으로 진행하세요.
①번 자리에서 바늘을 위로 뽑아 올린 다음 ②번 자리에서 뒤로 넣었다가 ③번
자리에서 다시 위로 뽑습니다. 이때 실은 바늘 끝 아래에 두어 고리가 만들어지도
록 합니다. 실을 당겨 스티치 형태를 다듬습니다. 여러 번 반복하여 완성합니다.

TIPS
바늘땀의 높이를 일정하게 해야 스티치를 고르게 수놓을 수 있습니다.
반면 바늘땀의 높이를 달리하여 전체 스티치 모양에 변화를 줄 수도 있습니다.
길고 짧은 바늘땀을 번갈아 수놓아 보세요.

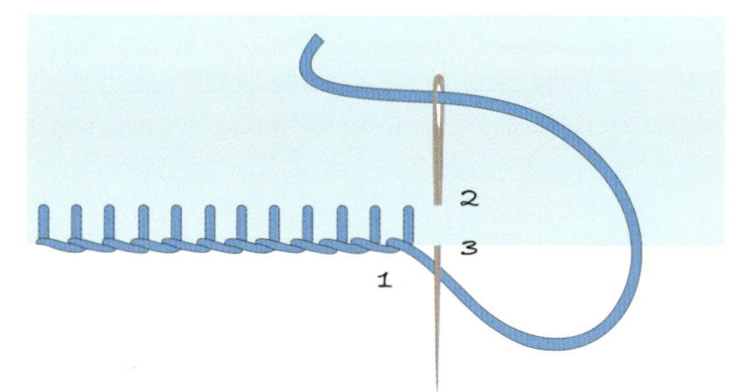

⑨ 셰브론 스티치 Chevron Stitch

용도 – 테두리, 가장자리
리본이나 줄 위에 수놓아 고정하는 용도로 쓸 수도 있습니다.

왼쪽에서 오른쪽으로 진행하세요.
바늘을 ①번 자리에서 앞으로 뽑아 올렸다가 ②번 자리에서 뒤로 넣습니다.
①번과 ②번 사이, ③번 자리에서 바늘 끝을 앞으로 뽑습니다.
바늘을 ④번 자리까지 가져가 뒤로 넣었다가 ⑤번 자리에서 앞으로 뽑습니다.
그리고 ⑥번 자리에서 다시 뒤로 넣었다가 ⑤번과 ⑥번 사이, ⑦번 자리에서 앞으로 뽑습니다.
⑧번 자리에서 바늘을 뒤로 넣은 다음, 앞에서 한 순서대로 반복하여 수를 놓습니다.

TIPS
수용성 펜을 이용하여 평행선 두 개를 그려 놓고, 그 선을 따라 수놓으면 바늘땀의 높이를 일정하게 유지할 수 있습니다.

10 페더 스티치 Feather Stitch

용도- 테두리 장식, 솔기 장식, 나뭇잎과 줄기 표현

위에서 아래를 향해 세로 방향으로 진행하세요.
①번 자리에서 바늘을 앞으로 뽑았다가, 천 앞쪽에 고리가 생기도록 실을 느슨하게 남겨둔 채 오른쪽 옆 ②번 자리에서 다시 뒤로 넣어요. ③번 자리에서 다시 바늘을 앞으로 뽑은 다음, 실을 당겨 고리를 적당한 모양으로 만들어줍니다. 이제 ③번 자리의 오른쪽 옆, ④번 자리에서 바늘을 뒤로 넣어요. 이때 ③번과 ④번 자리 사이에 고리가 만들어지도록 실을 느슨하게 남겨둡니다. 그런 다음 ⑤번 자리에서 바늘을 앞으로 뽑아 올리면서 실을 당겨 고리를 적당한 모양으로 잡아 주어요. 다음 스티치는 왼쪽 옆으로 옮겨 ⑥번 자리에서 시작하세요.

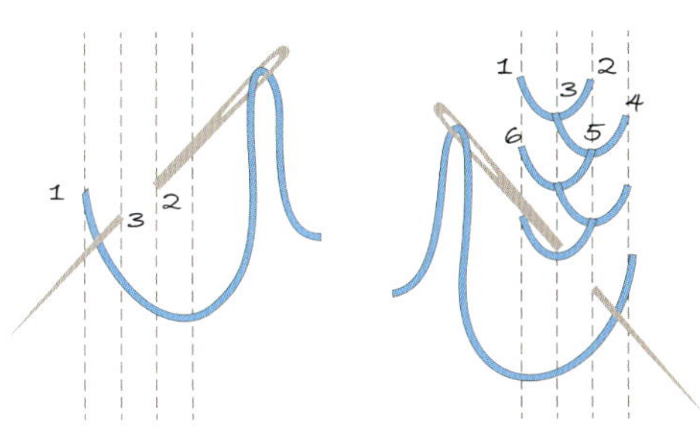

TIPS
천에 수직선 4개를 나란히 그려 기준선으로 삼으면 바늘땀의 간격을 고르게 할 수 있습니다. 선을 그릴 때는 반드시 지워지는 펜을 사용하세요. 수를 다 놓은 다음에도 기준선이 완전히 가려지지 않습니다.

11 스트레이트 스티치 Straight Stitch

①번 자리에서 바늘을 앞으로 뽑았다가 ②번 자리에서 뒤로 넣으면 완성되는 간단한 스티치 방법입니다.

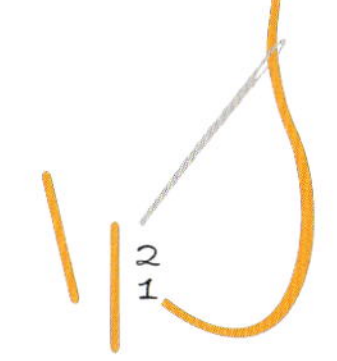

12 크로스 스티치 Cross Stitch

용도- 테두리
줄 간격을 촘촘하게 붙여 수놓으면 면을 채울 때 사용할 수도 있습니다.

선을 수놓을 때는 왼쪽에서 오른쪽으로 진행하세요. ①번 자리에서 바늘을 앞으로 뽑았다가 ②번 자리에서 뒤로 넣은 다음, ③번 자리에서 앞으로 뽑았다가 ④번 자리에서 뒤로 넣습니다. 선의 끝까지 같은 방법으로 수놓으면 됩니다.
이제 다시 오른쪽에서 왼쪽으로 되돌아가면서 진행하세요. ⑨번 자리에서 바늘을 위로 뽑았다가 ⑩번 자리에서 뒤로 넣으면서 실을 교차시켜 주세요. 모든 바늘땀이 X자 형태로 교차될 때까지 반복하여 수놓아 주세요.

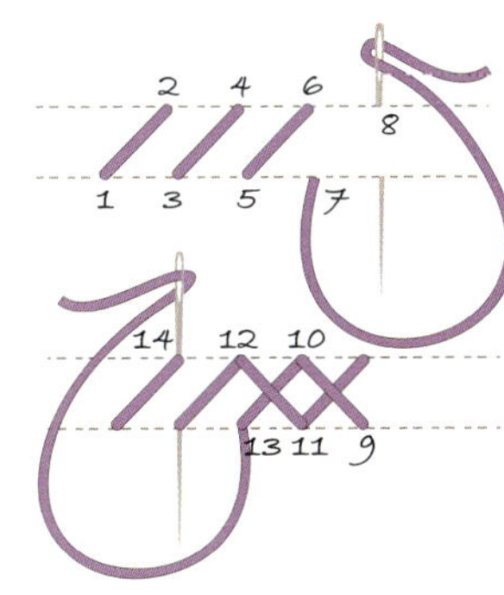

TIPS
첫 번째 바늘땀 위를 교차하는 바늘땀이 항상 같은 방향이 되도록 주의하세요. 작품의 처음부터 끝까지 동일한 방향을 유지하는 것이 좋습니다.

13 새틴 스티치 Satin Stitch

용도- 면을 채울 때 사용할 수 있습니다. 특히 모노그램을 할 때처럼 글자를 수놓는 데 알맞은 방법입니다.

바늘을 ①번 자리에서 앞으로 뽑았다가 ②번 자리에서 뒤로 넣습니다. 그런 다음 ①번 자리 바로 옆에서 다시 위로 뽑았다가 ②번 자리 바로 옆에서 뒤로 넣어 주세요. 이런 방법으로 바늘땀을 가깝게 붙여서 수놓으며 정해진 면적을 채워 주세요. 이때 실이 엉키지 않고 잘 펴지도록 수놓아야 완성된 모습도 매끈하게 보입니다.

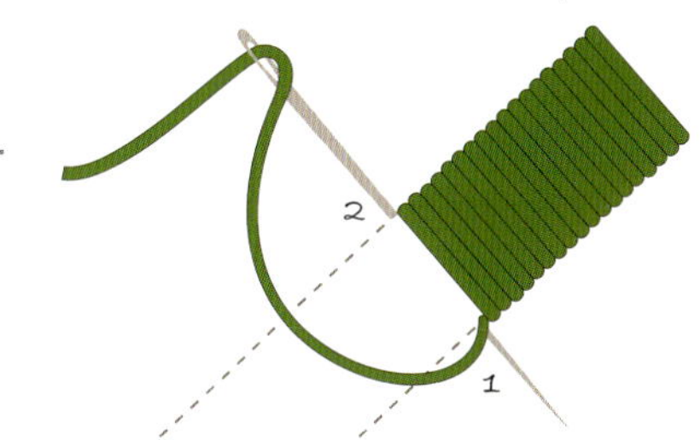

TIPS
새틴 스티치를 도톰하게 표현하려면, 수놓으려는 형태의 윤곽선 바로 안쪽에 스플릿 스티치를 먼저 작업한 다음 새틴 스티치를 진행해 주세요.

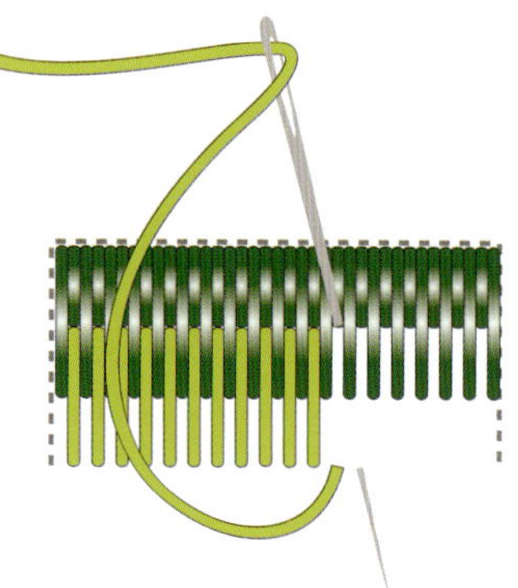

14 롱 앤드 쇼트 스티치 Long & Short stitch

용도- 넓은 면적을 채울 때, 특히 색의 명암을 표현할 때 좋은 방법입니다.

먼저 길고 짧은 바늘땀을 번갈아 가며 새틴 스티치를 한 줄 수놓습니다. 이때 수놓은 부분의 위쪽은 가지런하게 맞춰 주세요. 다음 줄에는 긴 바늘땀으로 첫 번째 줄의 짧은 바늘땀 아래 빈 곳을 채워 가며 수를 놓습니다. 첫 번째 줄의 바늘땀 끝자리에 바늘을 넣어 새로운 바늘땀을 만들면 됩니다. 같은 방법을 반복하여 긴 바늘땀 줄이 수놓으려는 면의 맨 아랫부분에 닿을 때까지 계속하세요. 마지막으로 짧은 바늘땀을 이용해 긴 바늘땀 사이의 빈 부분에 수를 놓습니다. 이렇게 하면 수놓은 면의 아랫부분이 전부 채워집니다.

TIPS
명암을 표현하려면 줄에 따라 필요한대로 실의 색을 바꾸어 주세요.

15 레이지 데이지 Lazy Daisy

용도- 여러 땀을 동그랗게 수놓아 꽃을 표현하거나 한 땀으로 잎사귀를 표현하는 방법입니다.

체인 스티치와 비슷한 모양이지만, 체인 스티치와는 달리 고리가 연결되어 있지 않고 각각 떨어져 있어요. ①번 자리에서 바늘을 앞으로 뽑았다가 다시 같은 자리나 바로 옆 자리에서 뒤로 넣어, 천 앞쪽에 고리를 만들어 주세요. 그런 다음 ②번 자리에서 바늘을 앞으로 뽑으며 실을 당겨 고리를 원하는 모양으로 잡아 주세요. 실을 많이 당길수록 직선에 가까운 스티치가 됩니다. 반대로 실이 느슨하면 더 동그란 모양이 된답니다.

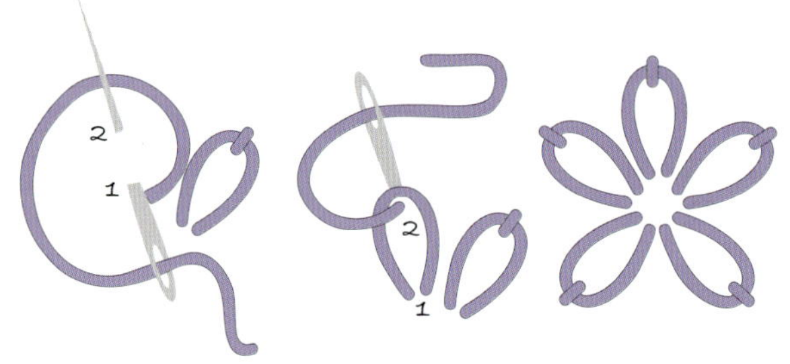

TIPS
꽃의 가운데 부분은 프렌치 노트를 여러 땀 수놓아 마무리해 주세요.

16 튤립 Tulip

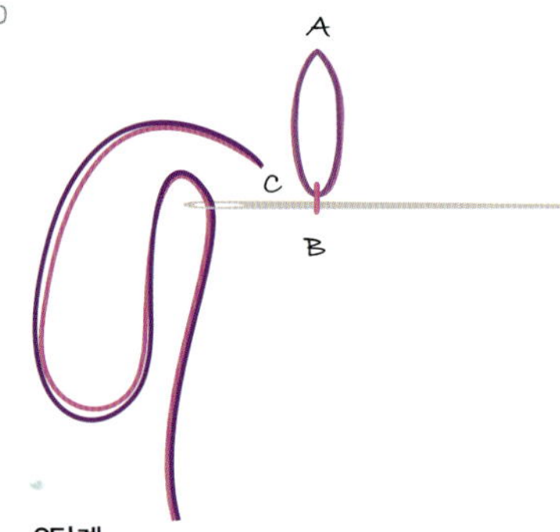
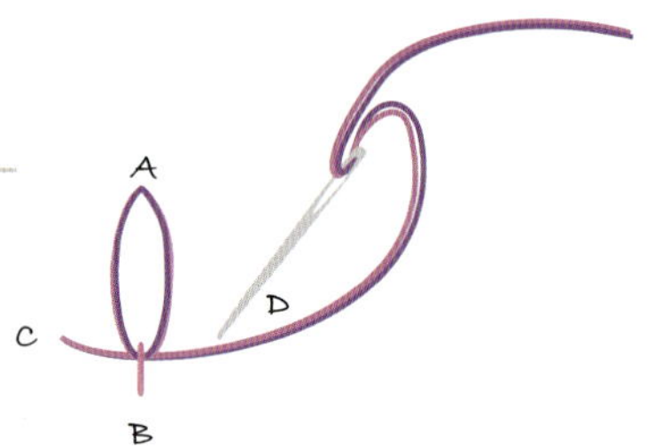

1단계
⑮번 설명에 따라 레이지 데이지 스티치를 한 땀 수놓습니다. Ⓐ를 레이지 데이지의 꽃잎, Ⓑ를 줄기라고 할게요.

2단계
Ⓑ 자리에서 뒤로 넣은 바늘을 Ⓒ자리에서 앞으로 뽑습니다. Ⓒ의 위치는 Ⓐ에서 Ⓑ까지 거리의 2/3정도 되는 곳에, Ⓑ에서 약 90도 정도 꺾인 방향으로 정해 주세요. 하지만 꼭 이 방법대로 정확히 측정해서 자리를 정할 필요는 없습니다.
이번에는 천을 같이 꿰매지 않도록 조심하면서 레이지 데이지의 줄기 아래로 바늘을 통과시킵니다.

3단계
다음으로 Ⓒ와 대칭이 되는 Ⓓ 자리에서 바늘을 뒤로 넣습니다.

4단계
이제 그림처럼 튤립 스티치가 완성될 거예요.

17 프렌치 노트 French Knot

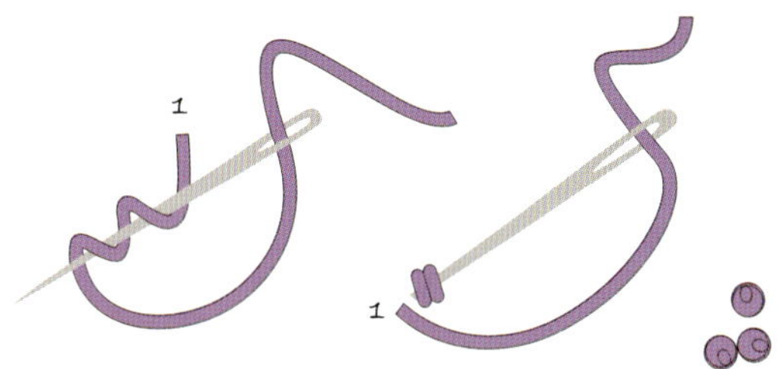

용도 – 잎사귀, 식물, 눈을 표현하기에 좋은 방법으로 꾸밈이 필요한 점을 표현할 때나 꽃의 중심부를 채울 때 사용합니다.

①번 자리에서 바늘을 앞으로 뽑습니다.
다른 손으로 실을 팽팽하게 잡고 바늘 끝에 두 번 감습니다.
실을 계속 팽팽하게 쥔 채로 살살 잡아당겨 바늘에 감은 실을 꽉 조이면서, 바늘을 ①번 자리 바로 옆에 넣습니다. 천의 앞쪽에 매듭이 생겨 단단하게 고정될 수 있도록 뒤쪽에서 실을 당깁니다.

TIPS
매듭을 크게 만들려면 바늘에 실을 두어 번 더 감아 주세요. 또는 더 굵은 자수실을 사용해도 좋아요.

18 불리온 노트 Bullion Knot

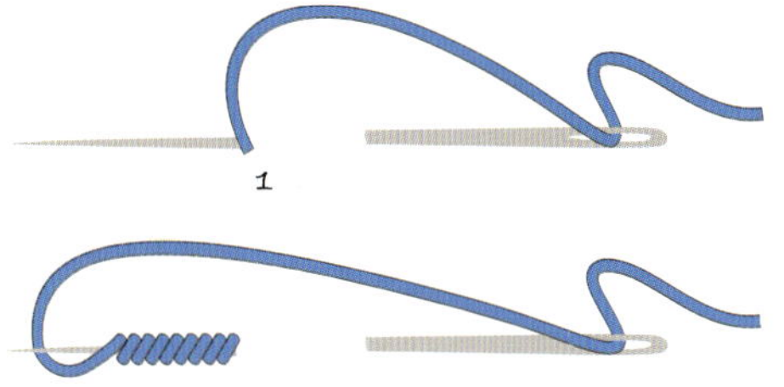

용도 – 꾸밈이 필요한 점, 나뭇잎, 식물 표현

불리온 노트는 프렌치 노트와 매우 비슷하지만 바늘에 실을 더 많이 감아 나선형의 매듭을 만든다는 점, 그리고 매듭이 길기 때문에 시작점에서 조금 떨어진 곳에 바늘을 넣는다는 점이 다릅니다.
먼저 만들려는 불리온 노트의 길이만큼 백 스티치를 한 땀 떠주세요. ①번 사리에서 바늘 끝을 반 정도만 앞으로 뽑아 주세요. 그 바늘 끝에 백 스티치 길이에 맞도록 실을 여러 번 감아 주세요. 왼손 엄지손가락으로 감은 실을 잡고, 바늘을 ①번 자리로 다시 가져가서 뒤로 넣습니다. 매듭이 천의 앞쪽에 반듯하게 놓이도록 뒤쪽에서 실을 잡아당깁니다.

19 케이블 체인 스티치 Cable Chain Stitch

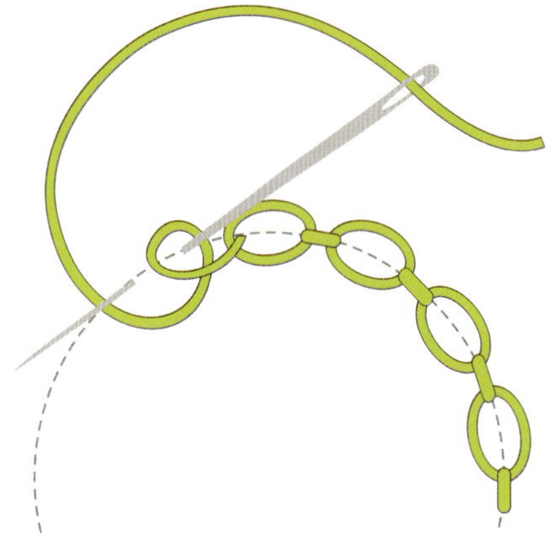

용도 – 이름에서 알 수 있듯이 꼬임이 많은 실을 사용하여 수를 놓으면 천에 사슬이 놓인 것처럼 보입니다. 너무 사실적이어서 안 예쁘게 보일 수도 있어요.

본 떠놓은 선 위로 바늘을 뽑습니다. 실을 왼쪽으로 가져가 바늘이 나온 구멍 가까이에서 바늘 끝에 한 번 감습니다.
이렇게 하여 작은 고리를 바늘에 감은 채로 바늘 끝을 다시 천 뒤쪽으로 넣습니다. 이때 시작점에서 약 1/16인치 정도 떨어진 자리에서 바늘 끝부분만 넣었다가 다시 1/4인치 정도 떨어진 자리에서 앞으로 뺍니다.
실을 바늘 아래에 둔 채로 바늘을 당겨 빼면서 고리를 만듭니다. 그런 다음 실을 당겨 고리 모양을 잡아 주세요. 같은 방법으로 반복하여 수놓으세요.

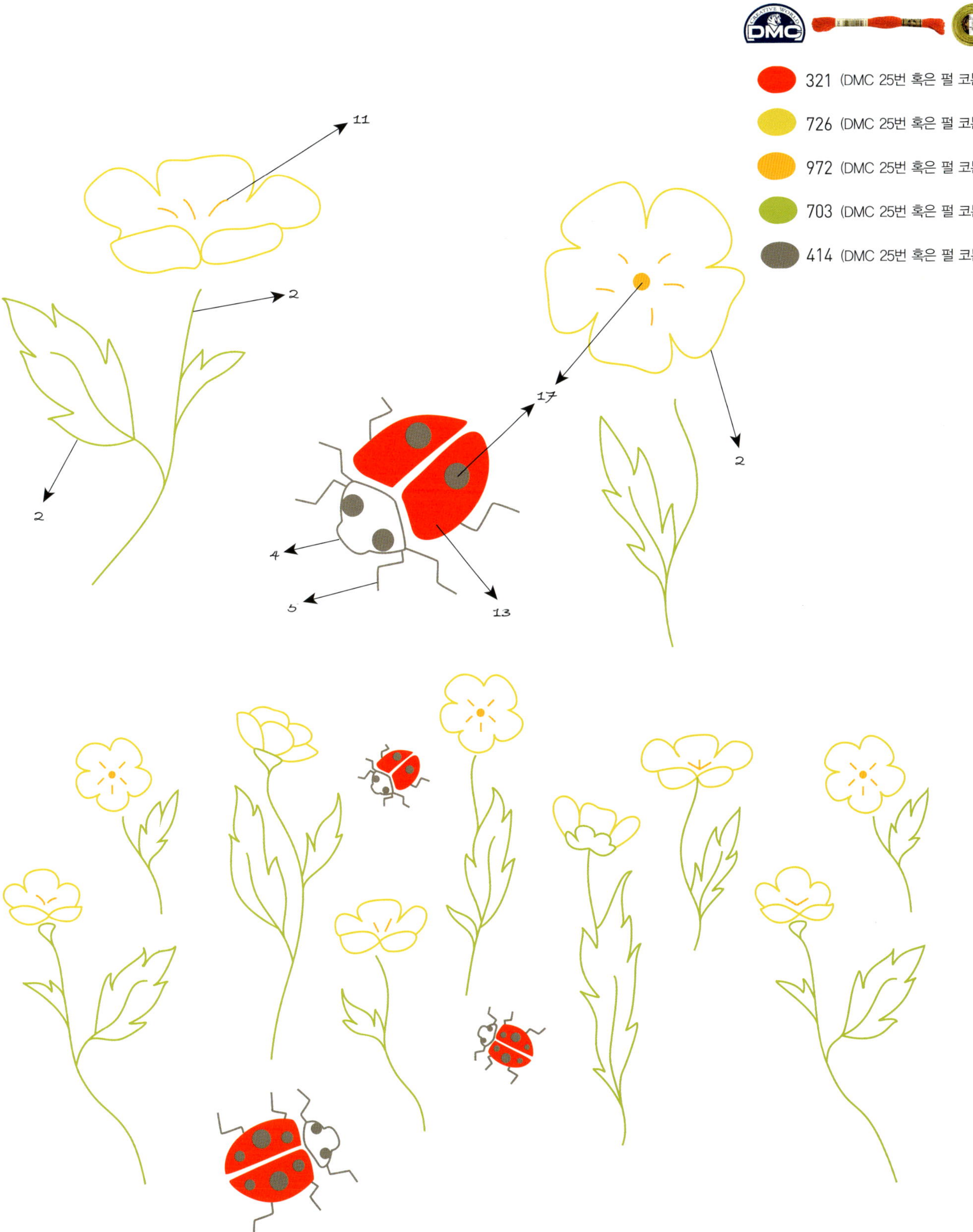

DMC
321 (DMC 25번 혹은 펄 코튼)
726 (DMC 25번 혹은 펄 코튼)
972 (DMC 25번 혹은 펄 코튼)
703 (DMC 25번 혹은 펄 코튼)
414 (DMC 25번 혹은 펄 코튼)
11
2
2
17
2
4
5
13

17
2
18
4
2
4
4
4
2
DMC
321 (DMC 25번 혹은 펄 코튼)
726 (DMC 25번 혹은 펄 코튼)
972 (DMC 25번 혹은 펄 코튼)
703 (DMC 25번 혹은 펄 코튼)

321 (DMC 25번 혹은 펄 코튼)
726 (DMC 25번 혹은 펄 코튼)
972 (DMC 25번 혹은 펄 코튼)
703 (DMC 25번 혹은 펄 코튼)
11
4
2
17
4

6
4
2
17
17
11
13
4
13
17
5
4
DMC
321 (DMC 25번 혹은 펄 코튼)
726 (DMC 25번 혹은 펄 코튼)
972 (DMC 25번 혹은 펄 코튼)
703 (DMC 25번 혹은 펄 코튼)
414 (DMC 25번 혹은 펄 코튼)

DMC
301 (DMC 25번 혹은 펄 코튼)
726 (DMC 25번 혹은 펄 코튼)
972 (DMC 25번 혹은 펄 코튼)
703 (DMC 25번 혹은 펄 코튼)

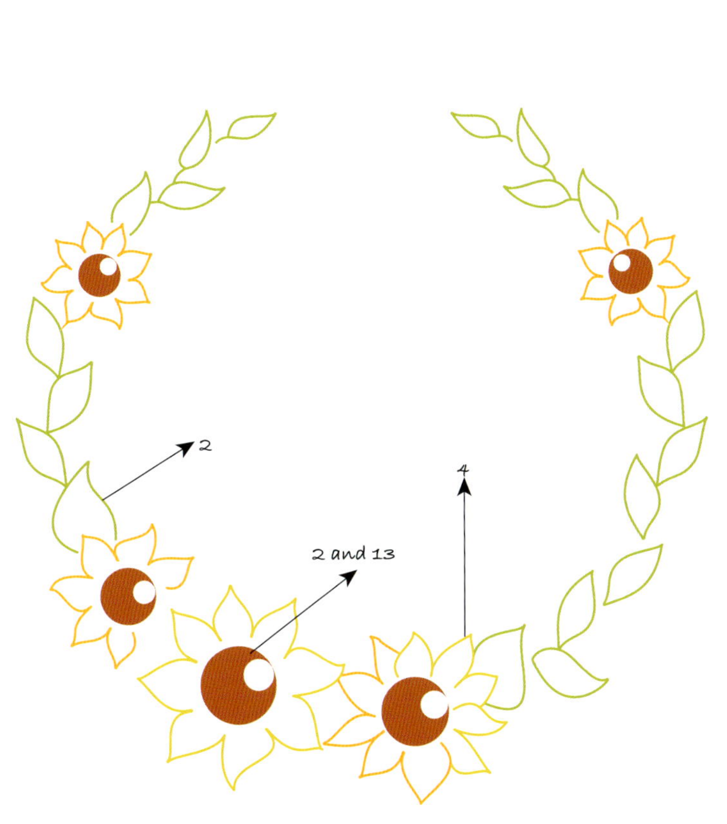

2
4
2 and 13

4
2

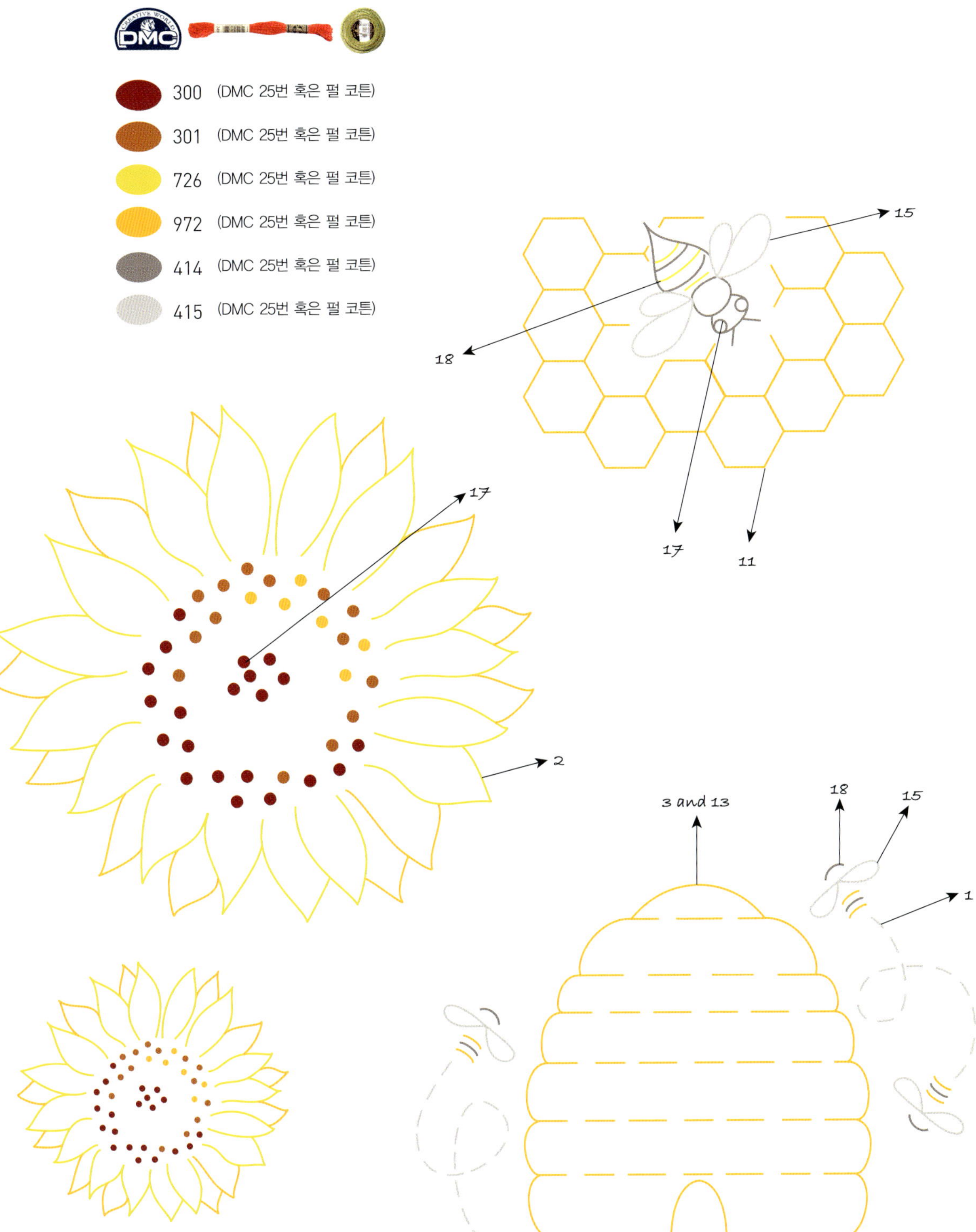

300 (DMC 25번 혹은 펄 코튼)
301 (DMC 25번 혹은 펄 코튼)
726 (DMC 25번 혹은 펄 코튼)
972 (DMC 25번 혹은 펄 코튼)
414 (DMC 25번 혹은 펄 코튼)
415 (DMC 25번 혹은 펄 코튼)
15
18
17
11
17
2
3 and 13
18
15
1

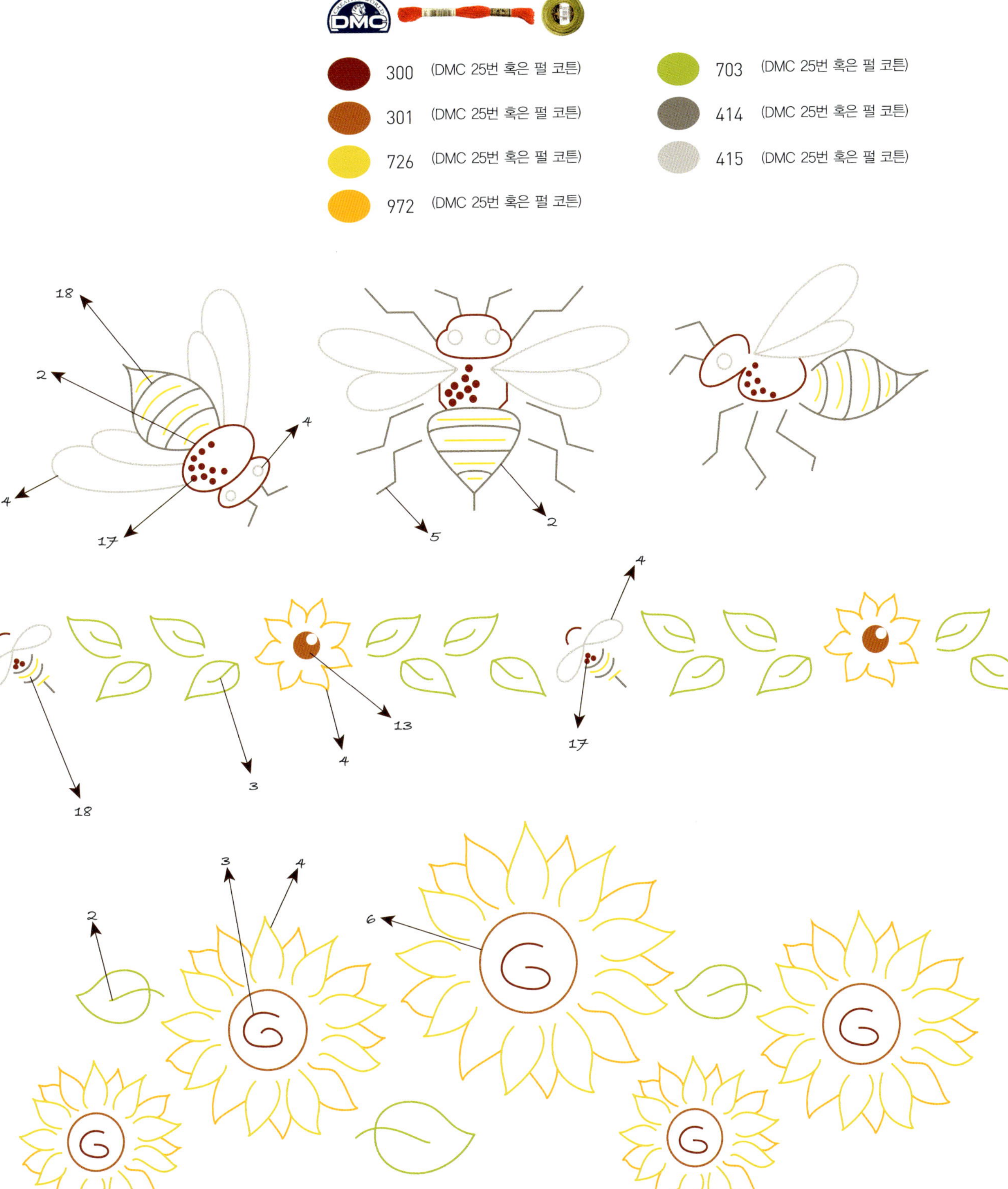

DMC
300 (DMC 25번 혹은 펄 코튼)
301 (DMC 25번 혹은 펄 코튼)
726 (DMC 25번 혹은 펄 코튼)
972 (DMC 25번 혹은 펄 코튼)
703 (DMC 25번 혹은 펄 코튼)
414 (DMC 25번 혹은 펄 코튼)
415 (DMC 25번 혹은 펄 코튼)
18
2
4
4
17
4
5
2
4
18
3
13
4
4
17
2
3
4
6
G

🔴	300	(DMC 25번 혹은 펄 코튼)	🟡 972	(DMC 25번 혹은 펄 코튼)
🟤	301	(DMC 25번 혹은 펄 코튼)	🟢 703	(DMC 25번 혹은 펄 코튼)
🟡	726	(DMC 25번 혹은 펄 코튼)		

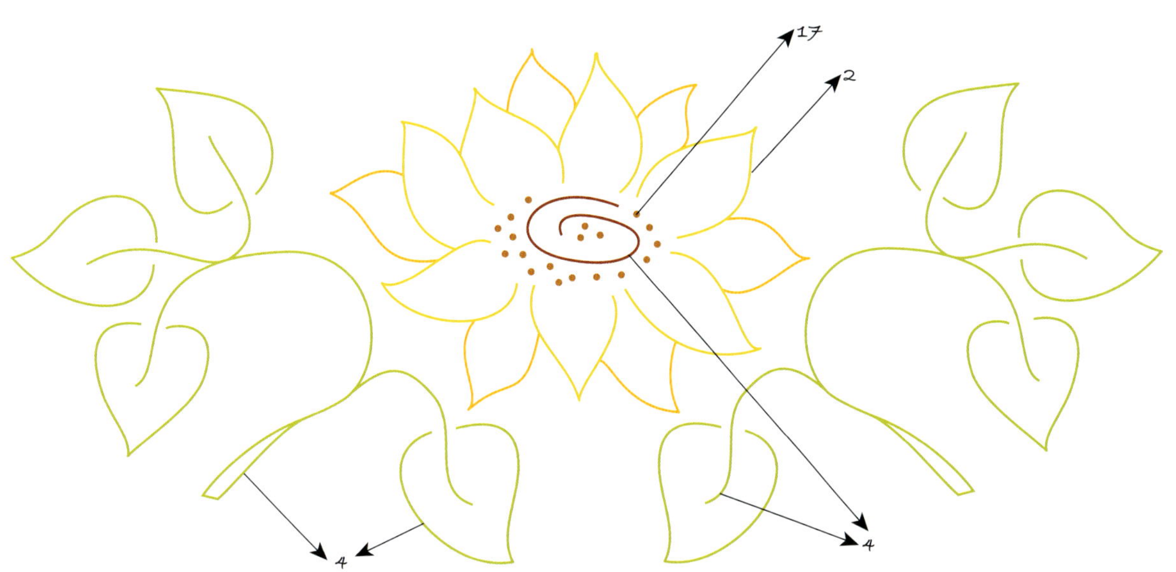

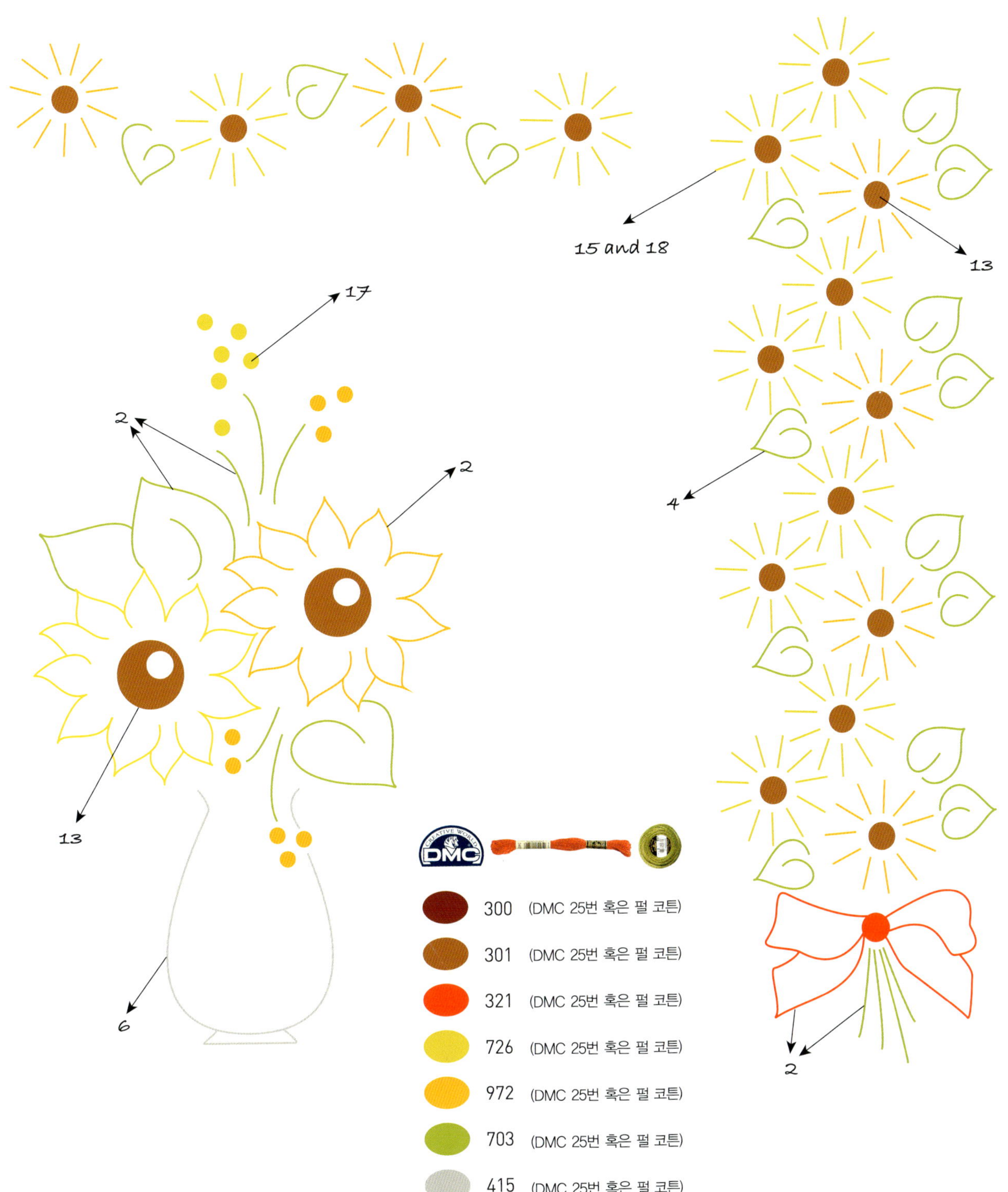

15 and 18
17
2
2
13
13
4
6
2
DMC
300 (DMC 25번 혹은 펄 코튼)
301 (DMC 25번 혹은 펄 코튼)
321 (DMC 25번 혹은 펄 코튼)
726 (DMC 25번 혹은 펄 코튼)
972 (DMC 25번 혹은 펄 코튼)
703 (DMC 25번 혹은 펄 코튼)
415 (DMC 25번 혹은 펄 코튼)

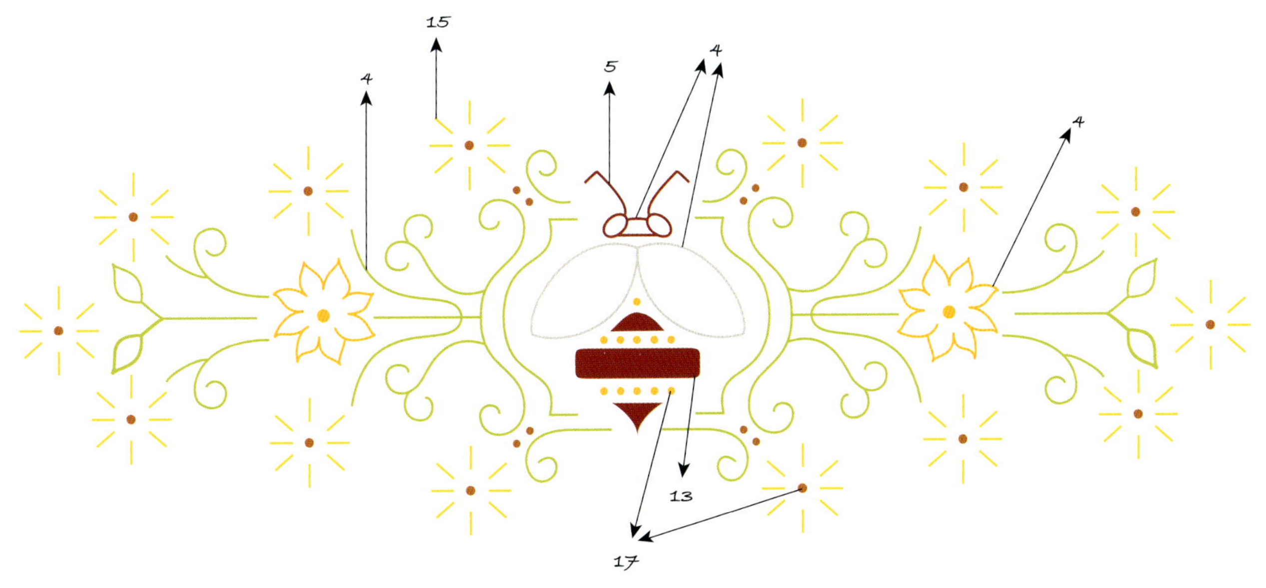

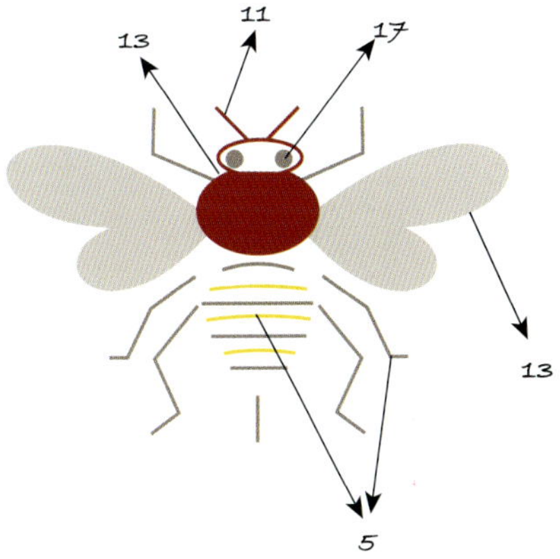

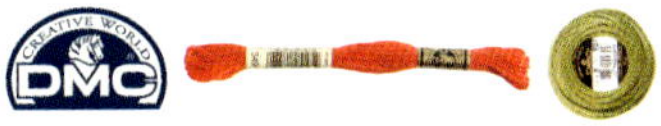

DMC

300 (DMC 25번 혹은 펄 코튼)

301 (DMC 25번 혹은 펄 코튼)

726 (DMC 25번 혹은 펄 코튼)

972 (DMC 25번 혹은 펄 코튼)

703 (DMC 25번 혹은 펄 코튼)

415 (DMC 25번 혹은 펄 코튼)

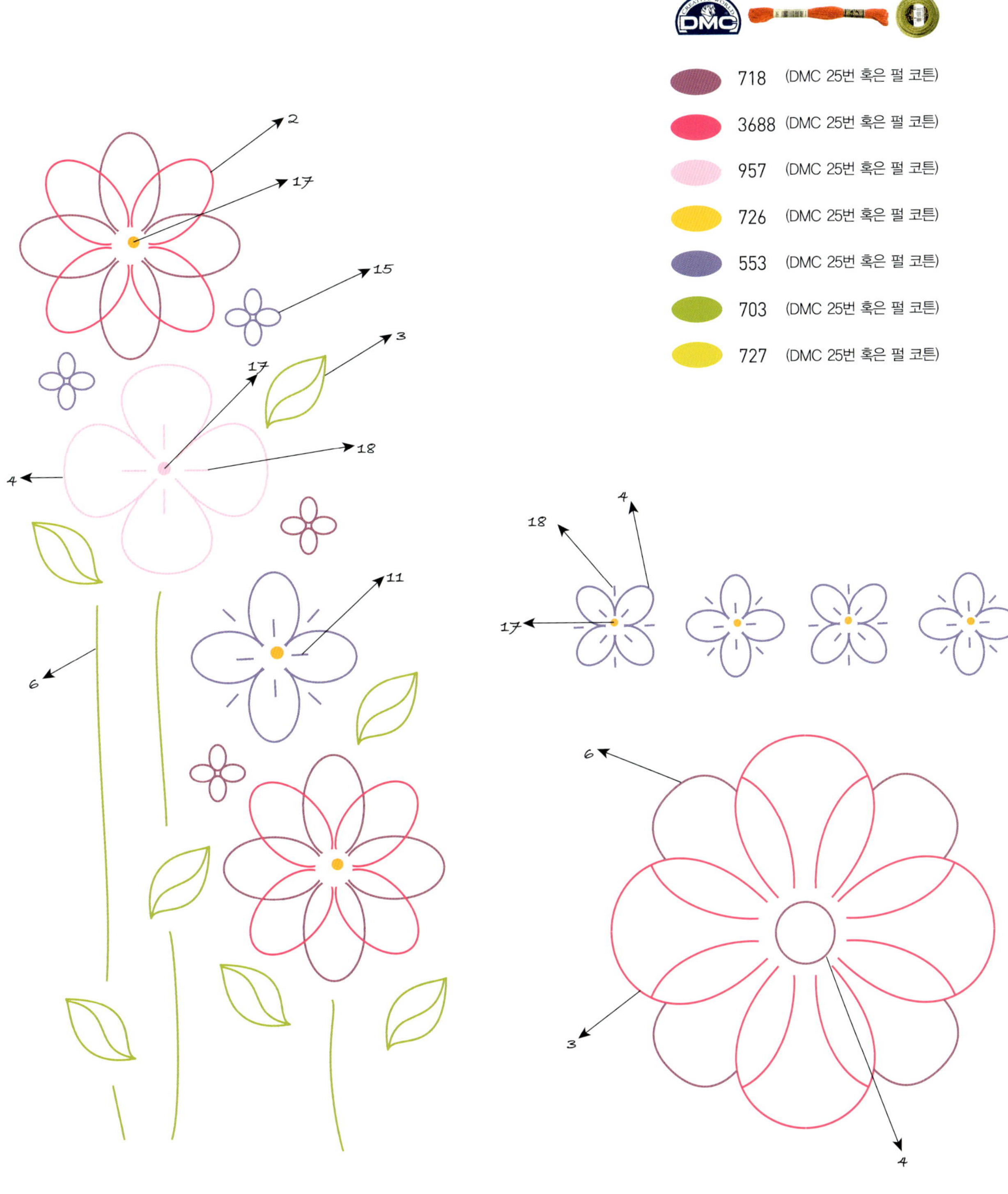

718 (DMC 25번 혹은 펄 코튼)
3688 (DMC 25번 혹은 펄 코튼)
957 (DMC 25번 혹은 펄 코튼)
726 (DMC 25번 혹은 펄 코튼)
553 (DMC 25번 혹은 펄 코튼)
703 (DMC 25번 혹은 펄 코튼)
727 (DMC 25번 혹은 펄 코튼)
2
17
15
3
17
18
4
4
18
17
11
6
6
3
4

718 (DMC 펄 코튼 5번과 8번)

3688 (DMC 펄 코튼 5번과 8번)

957 (DMC 펄 코튼 5번과 8번)

726 (DMC 펄 코튼 5번과 8번)

553 (DMC 펄 코튼 5번과 8번)

703 (DMC 펄 코튼 5번과 8번)

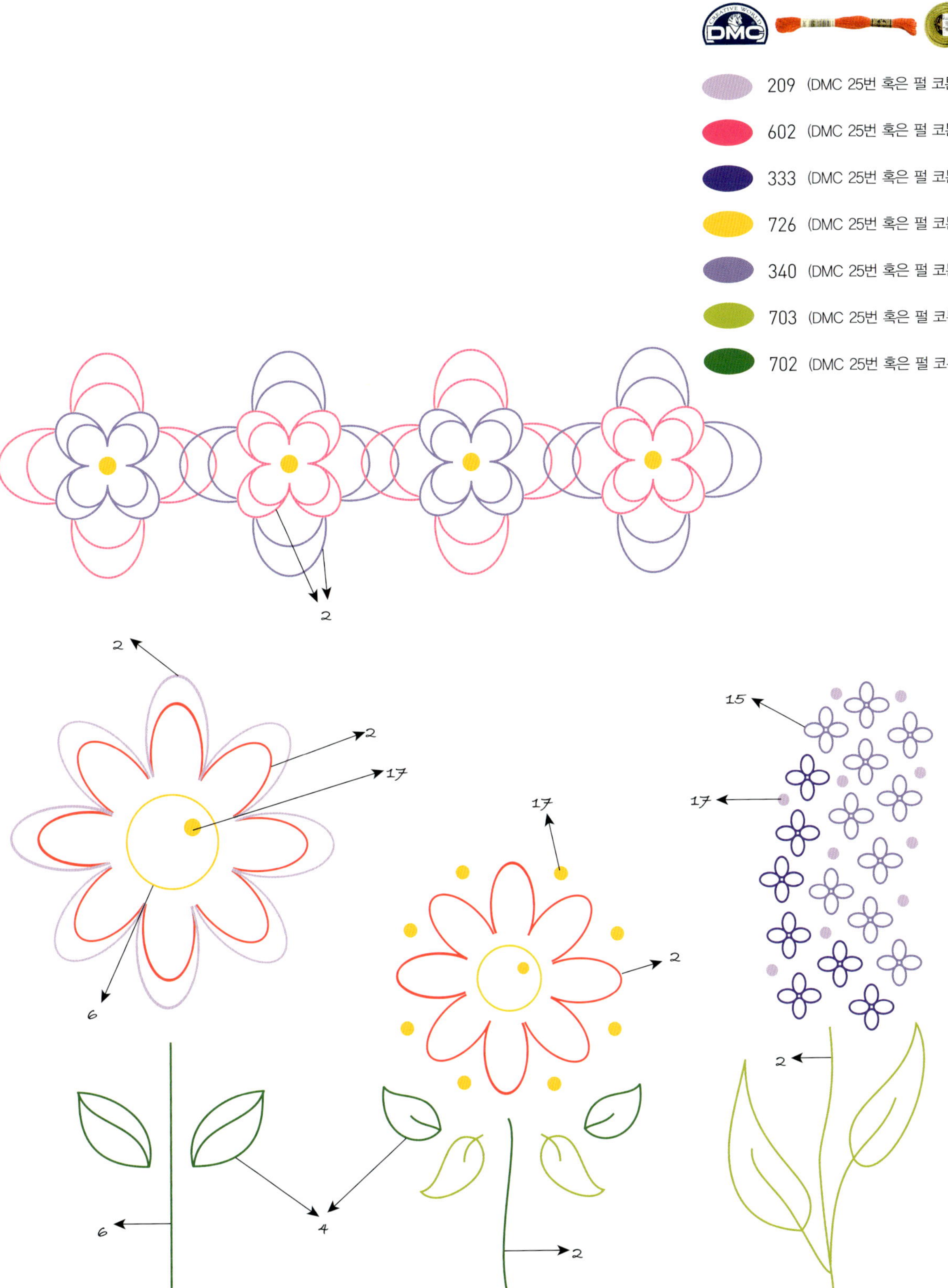

209 (DMC 25번 혹은 펄 코튼)
602 (DMC 25번 혹은 펄 코튼)
333 (DMC 25번 혹은 펄 코튼)
726 (DMC 25번 혹은 펄 코튼)
340 (DMC 25번 혹은 펄 코튼)
703 (DMC 25번 혹은 펄 코튼)
702 (DMC 25번 혹은 펄 코튼)
2
2
2
17
6
15
17
2
17
2
6
4
2

209 (DMC 25번 혹은 펄 코튼)
602 (DMC 25번 혹은 펄 코튼)
333 (DMC 25번 혹은 펄 코튼)
726 (DMC 25번 혹은 펄 코튼)
340 (DMC 25번 혹은 펄 코튼)
703 (DMC 25번 혹은 펄 코튼)
702 (DMC 25번 혹은 펄 코튼)

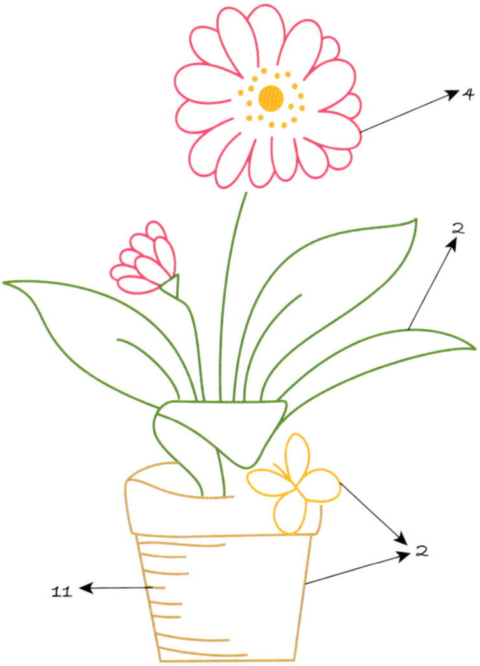

DMC
702 (DMC 25번 혹은 펄 코튼)
604 (DMC 25번 혹은 펄 코튼)
602 (DMC 25번 혹은 펄 코튼)
947 (DMC 25번 혹은 펄 코튼)
742 (DMC 25번 혹은 펄 코튼)
436 (DMC 25번 혹은 펄 코튼)
726 (DMC 25번 혹은 펄 코튼)

702 (DMC 25번 혹은 펄 코튼)
947 (DMC 25번 혹은 펄 코튼)
666 (DMC 25번 혹은 펄 코튼)
604 (DMC 25번 혹은 펄 코튼)
742 (DMC 25번 혹은 펄 코튼)
726 (DMC 25번 혹은 펄 코튼)
602 (DMC 25번 혹은 펄 코튼)
436 (DMC 25번 혹은 펄 코튼)
809 (DMC 25번 혹은 펄 코튼)
13
4
18
2
17
2
13
4
18
13
4
2
4
47

17
DMC
701 (DMC 25번 혹은 펄 코튼)
210 (DMC 25번 혹은 펄 코튼)
340 (DMC 25번 혹은 펄 코튼)
793 (DMC 25번 혹은 펄 코튼)
3348 (DMC 25번 혹은 펄 코튼)

13
2
13
2
4
13
2
4
DMC
701 (DMC 25번 혹은 펄 코튼)
210 (DMC 25번 혹은 펄 코튼)
333 (DMC 25번 혹은 펄 코튼)

703 （DMC 25번 혹은 펄 코튼）
809 （DMC 25번 혹은 펄 코튼）
797 （DMC 25번 혹은 펄 코튼）
3348 （DMC 25번 혹은 펄 코튼）
17

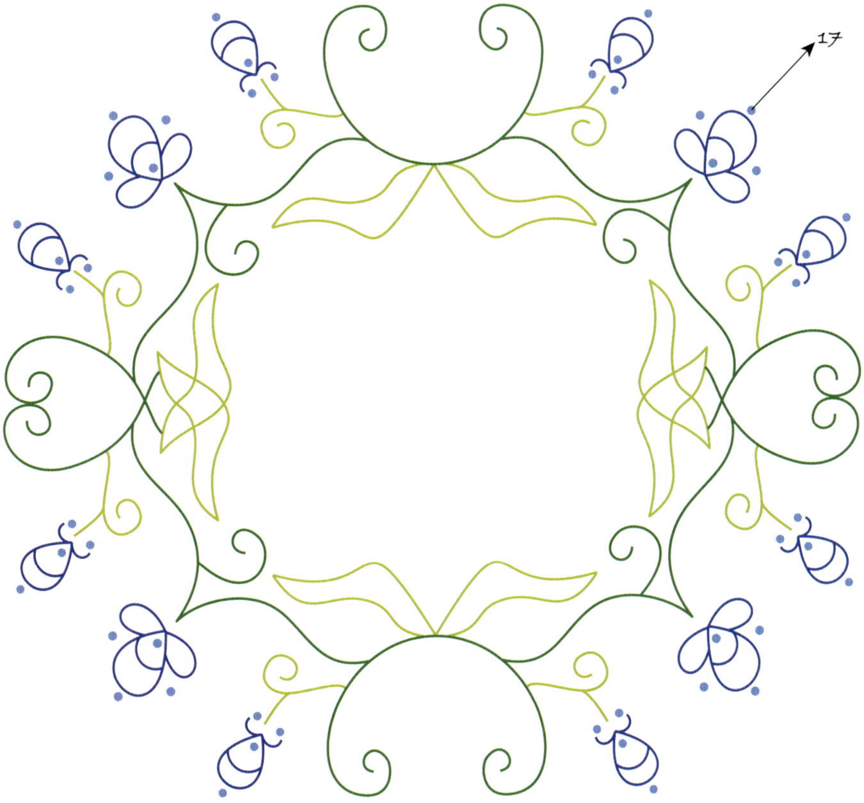

703 (DMC 25번 혹은 펄 코튼)

797 (DMC 25번 혹은 펄 코튼)

809 (DMC 25번 혹은 펄 코튼)

3348 (DMC 25번 혹은 펄 코튼)

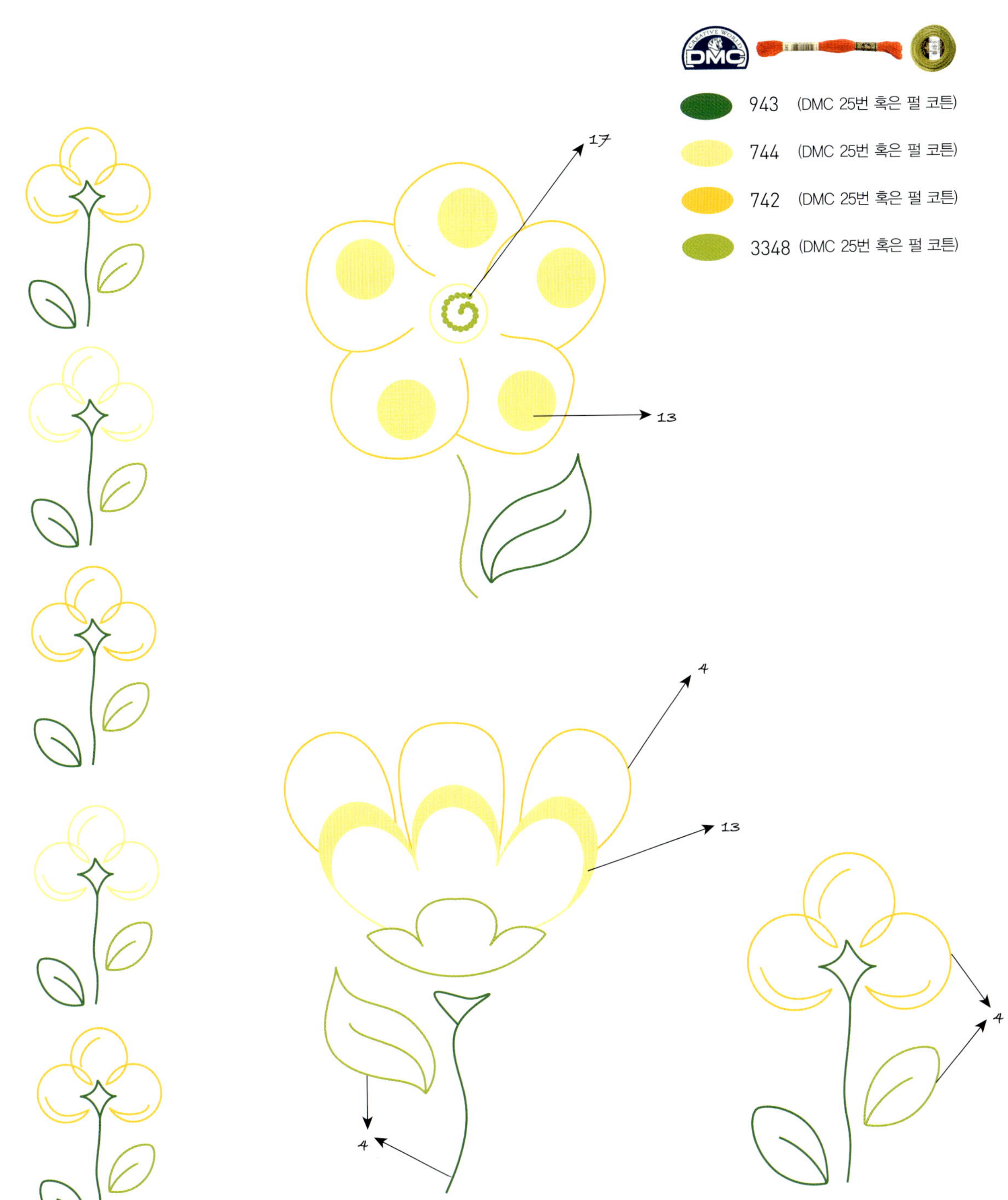

DMC
943 (DMC 25번 혹은 펄 코튼)
744 (DMC 25번 혹은 펄 코튼)
742 (DMC 25번 혹은 펄 코튼)
3348 (DMC 25번 혹은 펄 코튼)
17
13
4
13
4
4

943 (DMC 25번 혹은 펄 코튼)
744 (DMC 25번 혹은 펄 코튼)
742 (DMC 25번 혹은 펄 코튼)
3348 (DMC 25번 혹은 펄 코튼)

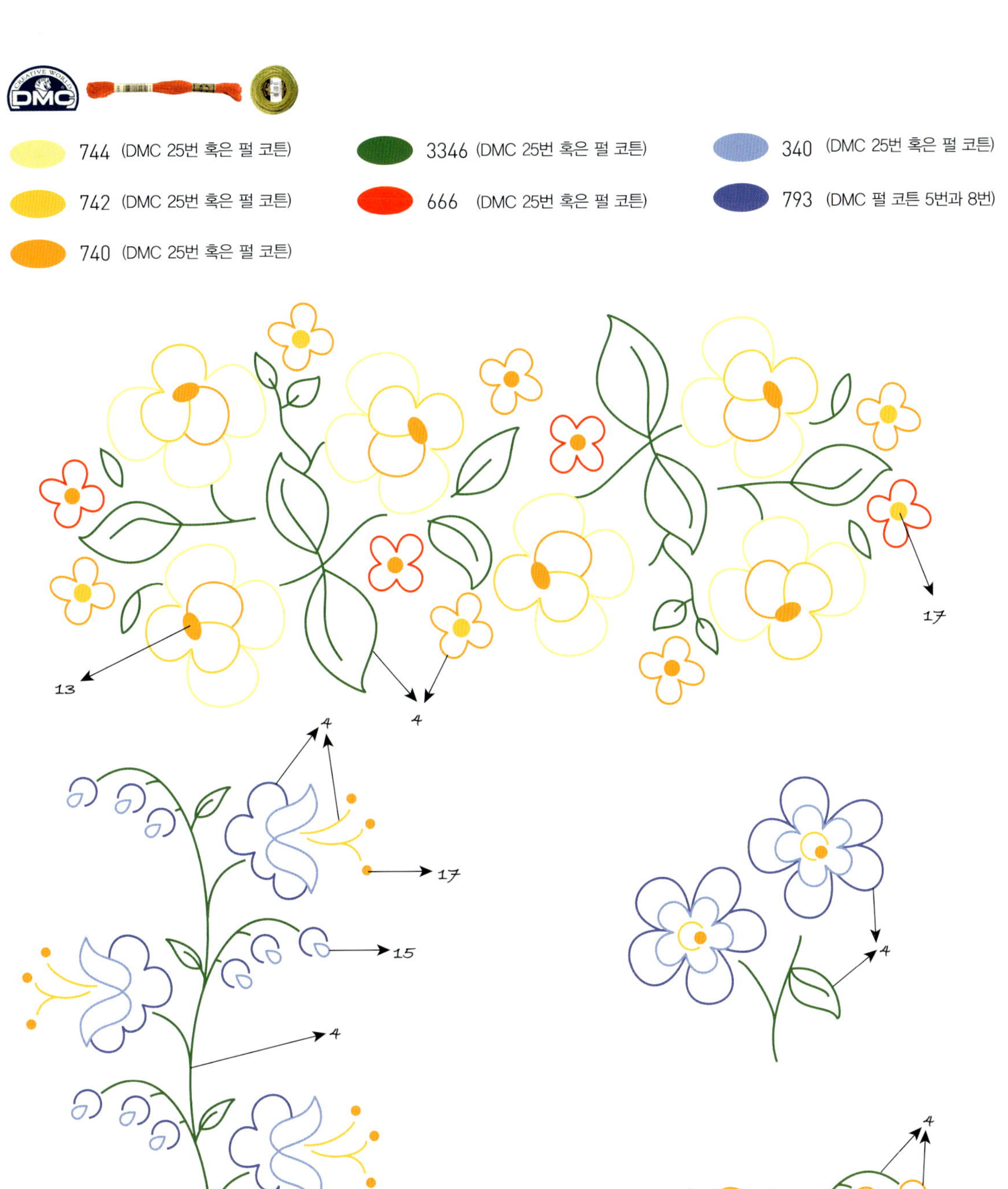

744 (DMC 25번 혹은 펄 코튼)

742 (DMC 25번 혹은 펄 코튼)

740 (DMC 25번 혹은 펄 코튼)

3346 (DMC 25번 혹은 펄 코튼)

666 (DMC 25번 혹은 펄 코튼)

340 (DMC 25번 혹은 펄 코튼)

793 (DMC 펄 코튼 5번과 8번)

744 (DMC 25번 혹은 펄 코튼)
742 (DMC 25번 혹은 펄 코튼)
740 (DMC 25번 혹은 펄 코튼)
3346 (DMC 25번 혹은 펄 코튼)
666 (DMC 25번 혹은 펄 코튼)
340 (DMC 25번 혹은 펄 코튼)
793 (DMC 25번 혹은 펄 코튼)

744 (DMC 25번 혹은 펄 코튼)

742 (DMC 25번 혹은 펄 코튼)

740 (DMC 25번 혹은 펄 코튼)

3346 (DMC 25번 혹은 펄 코튼)

666 (DMC 25번 혹은 펄 코튼)

340 (DMC 25번 혹은 펄 코튼)

793 (DMC 25번 혹은 펄 코튼)

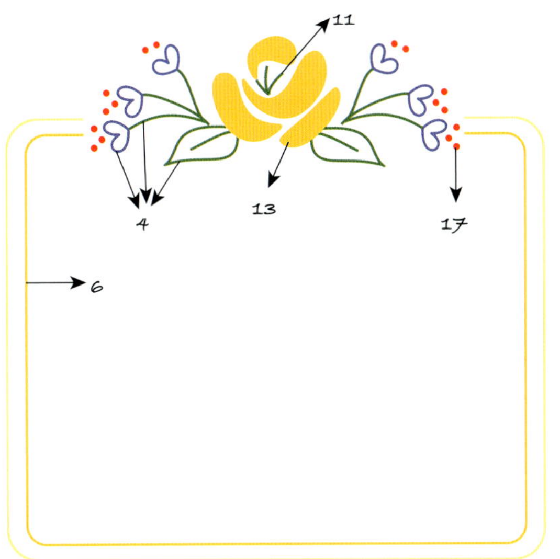

744　(DMC 25번 혹은 펄 코튼)

742　(DMC 25번 혹은 펄 코튼)

740　(DMC 25번 혹은 펄 코튼)

3346 (DMC 25번 혹은 펄 코튼)

666　(DMC 25번 혹은 펄 코튼)

340　(DMC 25번 혹은 펄 코튼)

793　(DMC 25번 혹은 펄 코튼)

DMC
605 (DMC 25번 혹은 펄 코튼)
603 (DMC 25번 혹은 펄 코튼)
600 (DMC 25번 혹은 펄 코튼)
3348 (DMC 25번 혹은 펄 코튼)
943 (DMC 25번 혹은 펄 코튼)

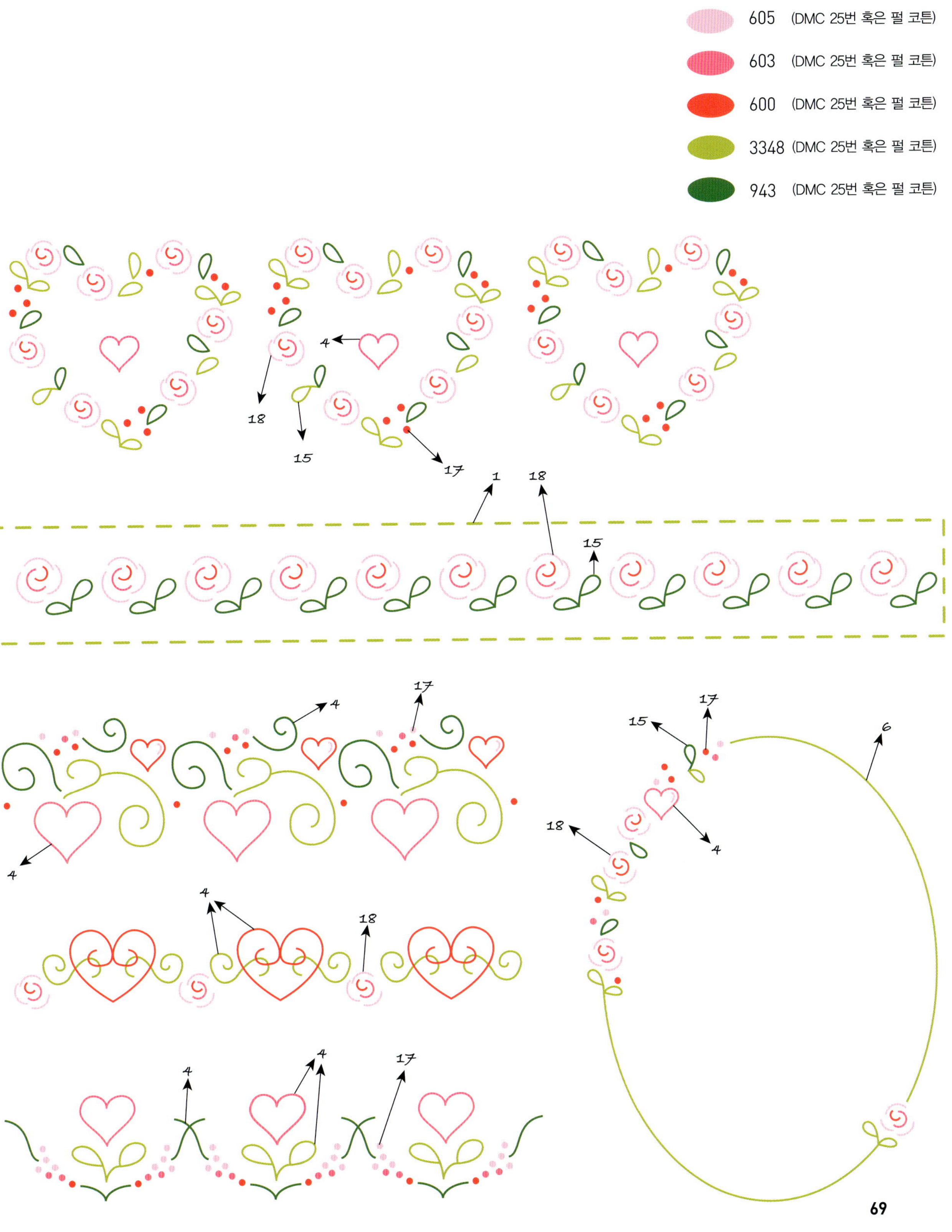

17
18
15
17
2
4
DMC
605 (DMC 25번 혹은 펄 코튼)
603 (DMC 25번 혹은 펄 코튼)
600 (DMC 25번 혹은 펄 코튼)
3348 (DMC 25번 혹은 펄 코튼)
943 (DMC 25번 혹은 펄 코튼)

605 （DMC 25번 혹은 펄 코튼）

3348 （DMC 25번 혹은 펄 코튼）

553 （DMC 25번 혹은 펄 코튼）

604 （DMC 25번 혹은 펄 코튼）

703 （DMC 25번 혹은 펄 코튼）

744 （DMC 25번 혹은 펄 코튼）

309 （DMC 25번 혹은 펄 코튼）

605 (DMC 25번 혹은 펄 코튼)
604 (DMC 25번 혹은 펄 코튼)
309 (DMC 25번 혹은 펄 코튼)
3348 (DMC 25번 혹은 펄 코튼)
703 (DMC 25번 혹은 펄 코튼)
553 (DMC 25번 혹은 펄 코튼)
744 (DMC 25번 혹은 펄 코튼)

DMC
433 (DMC 25번 혹은 펄 코튼)
644 (DMC 25번 혹은 펄 코튼)
603 (DMC 25번 혹은 펄 코튼)
601 (DMC 25번 혹은 펄 코튼)
209 (DMC 25번 혹은 펄 코튼)
340 (DMC 25번 혹은 펄 코튼)
703 (DMC 25번 혹은 펄 코튼)
743 (DMC 25번 혹은 펄 코튼)

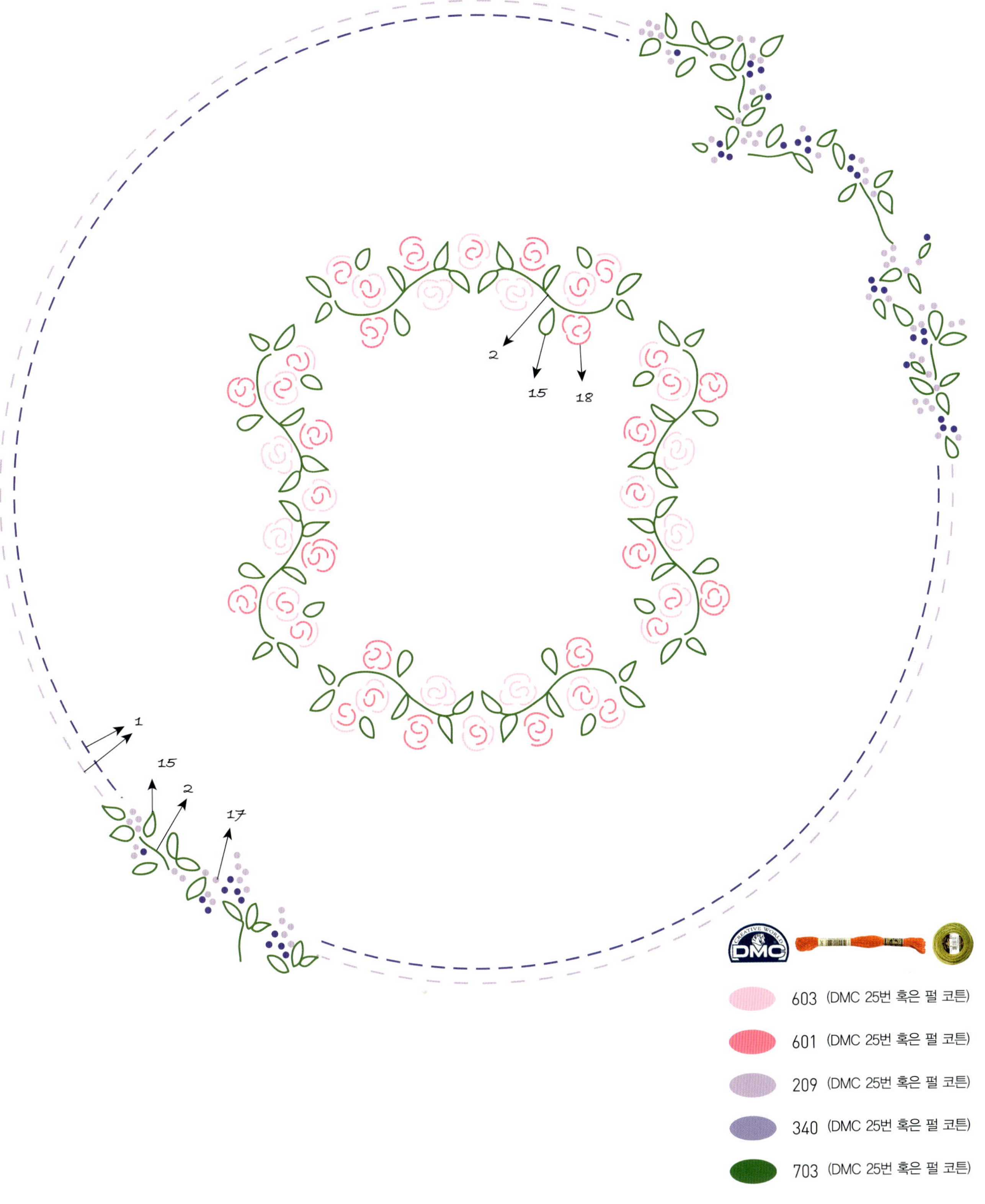

2
15
18
1
15
2
17
DMC
603 (DMC 25번 혹은 펄 코튼)
601 (DMC 25번 혹은 펄 코튼)
209 (DMC 25번 혹은 펄 코튼)
340 (DMC 25번 혹은 펄 코튼)
703 (DMC 25번 혹은 펄 코튼)

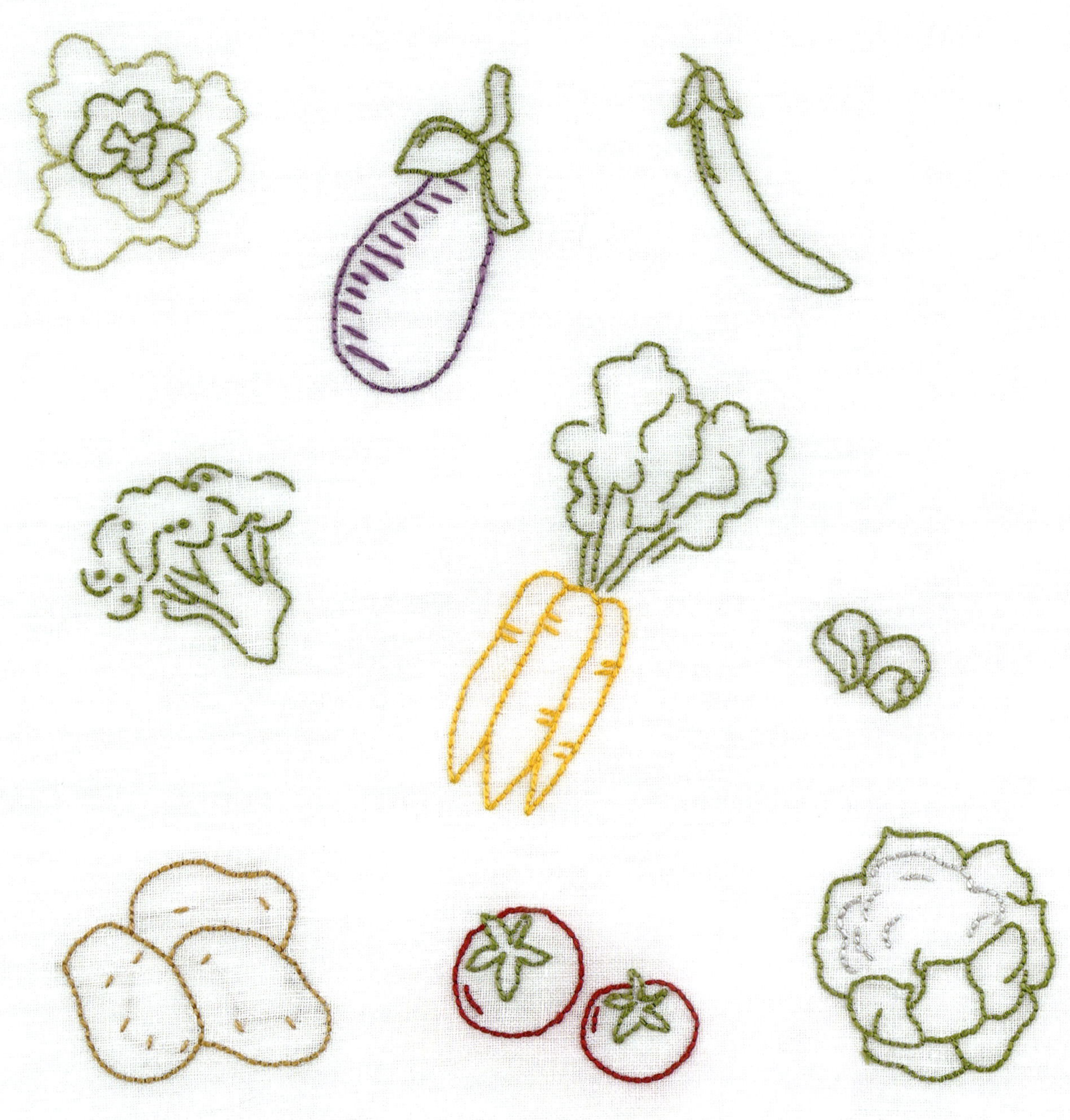

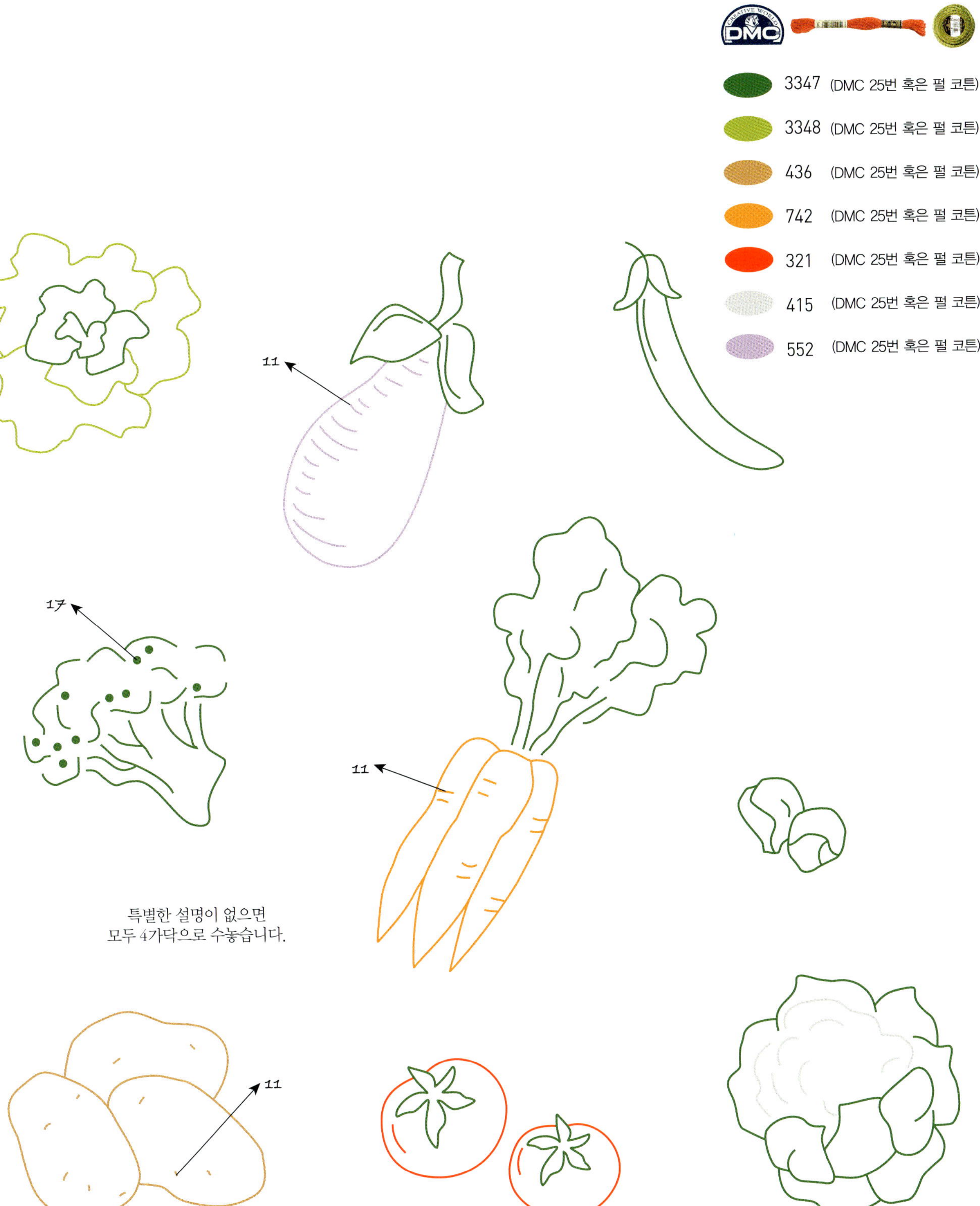

DMC
3347 (DMC 25번 혹은 펄 코튼)
3348 (DMC 25번 혹은 펄 코튼)
436 (DMC 25번 혹은 펄 코튼)
742 (DMC 25번 혹은 펄 코튼)
321 (DMC 25번 혹은 펄 코튼)
415 (DMC 25번 혹은 펄 코튼)
552 (DMC 25번 혹은 펄 코튼)
11
17
11
11
특별한 설명이 없으면
모두 4가닥으로 수놓습니다.
11

3347 (DMC 25번 혹은 펄 코튼)		742 (DMC 25번 혹은 펄 코튼)	
3348 (DMC 25번 혹은 펄 코튼)		321 (DMC 25번 혹은 펄 코튼)	
744 (DMC 25번 혹은 펄 코튼)		415 (DMC 25번 혹은 펄 코튼)	
436 (DMC 25번 혹은 펄 코튼)		552 (DMC 25번 혹은 펄 코튼)	

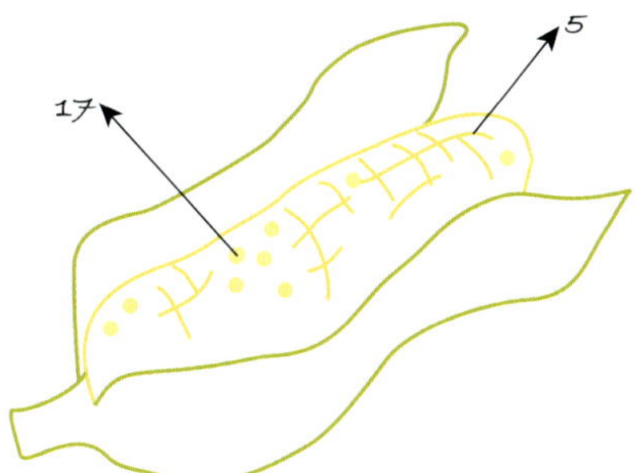

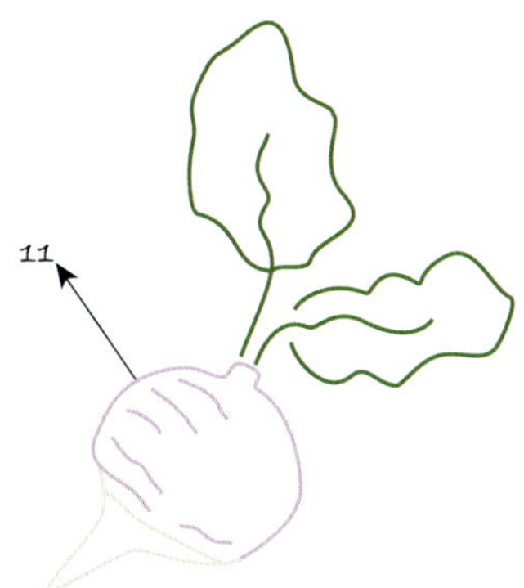

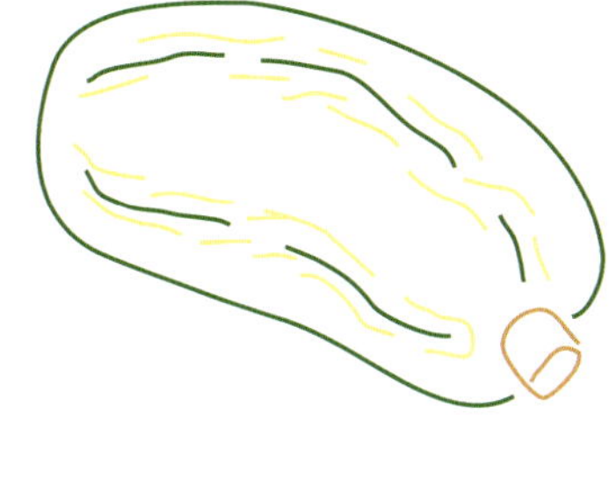

특별한 설명이 없으면
모두 4가닥으로 수놓습니다.

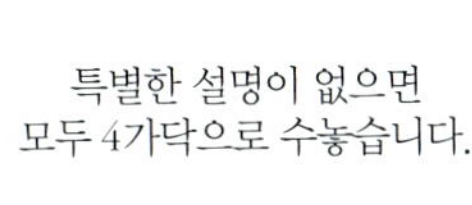

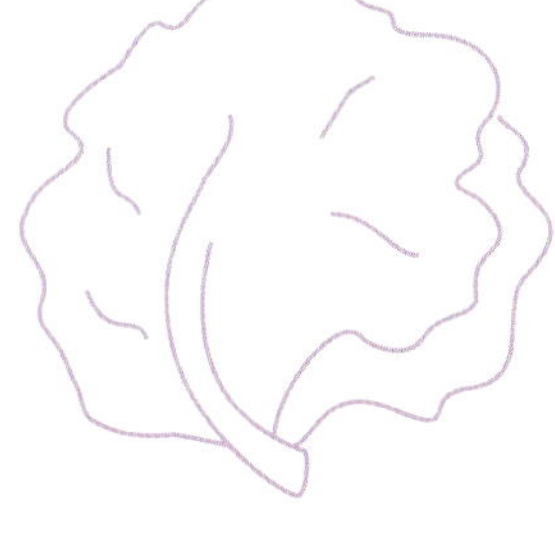

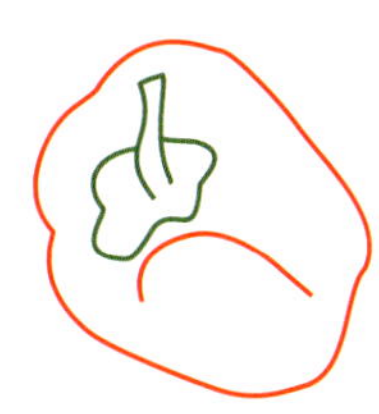

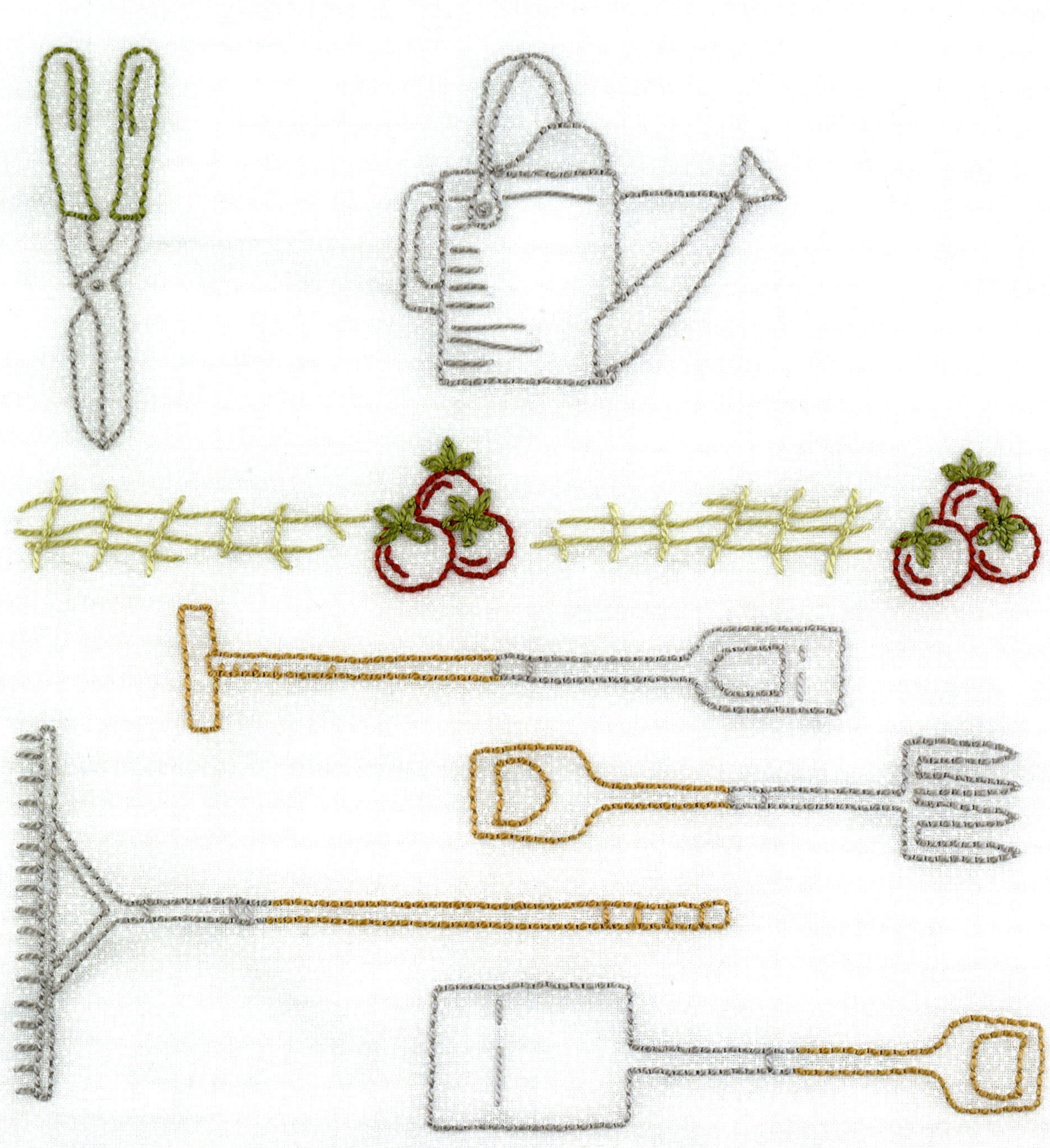

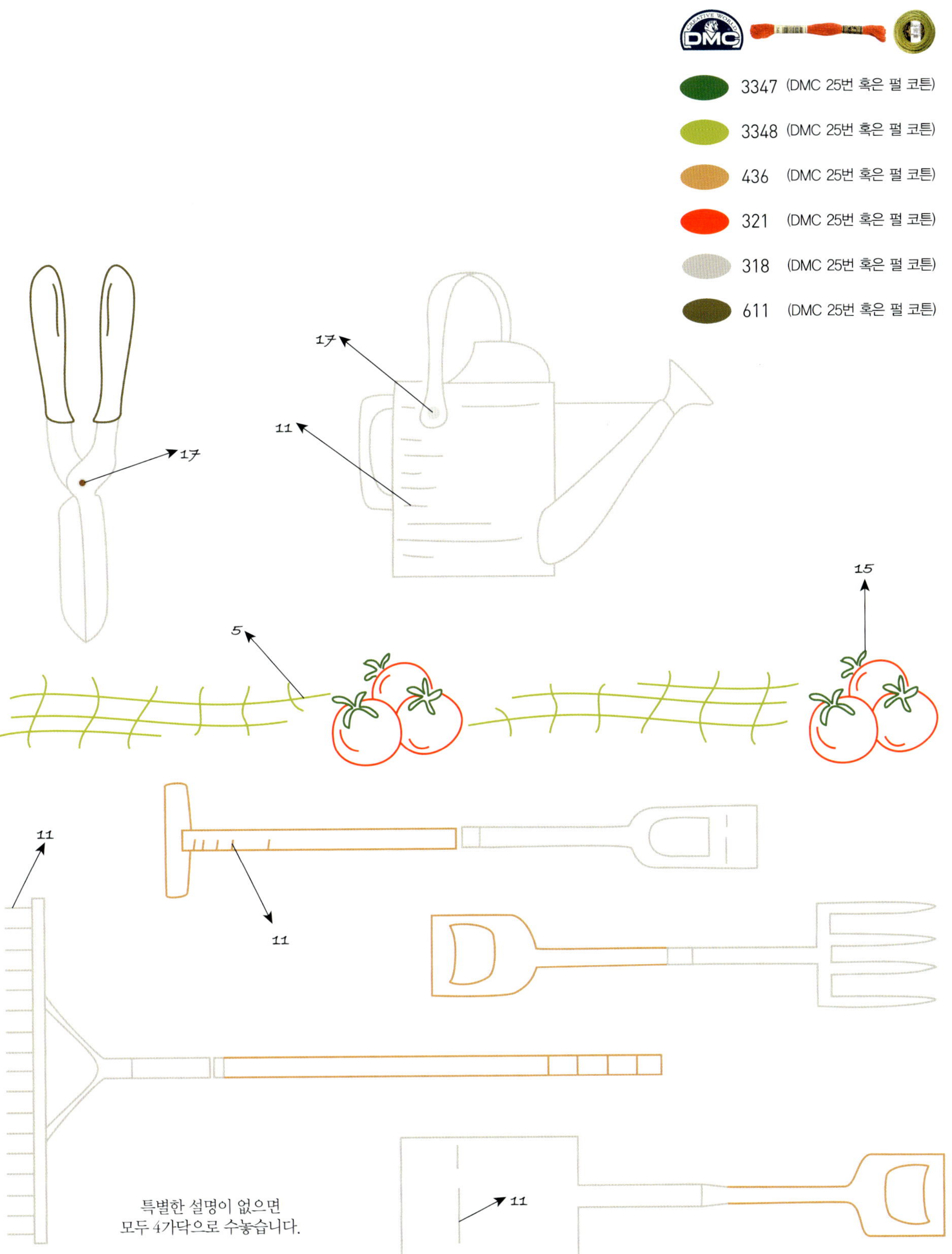

3347 (DMC 25번 혹은 펄 코튼)
3348 (DMC 25번 혹은 펄 코튼)
436 (DMC 25번 혹은 펄 코튼)
321 (DMC 25번 혹은 펄 코튼)
318 (DMC 25번 혹은 펄 코튼)
611 (DMC 25번 혹은 펄 코튼)
17
17
11
15
5
11
11
11
특별한 설명이 없으면
모두 4가닥으로 수놓습니다.

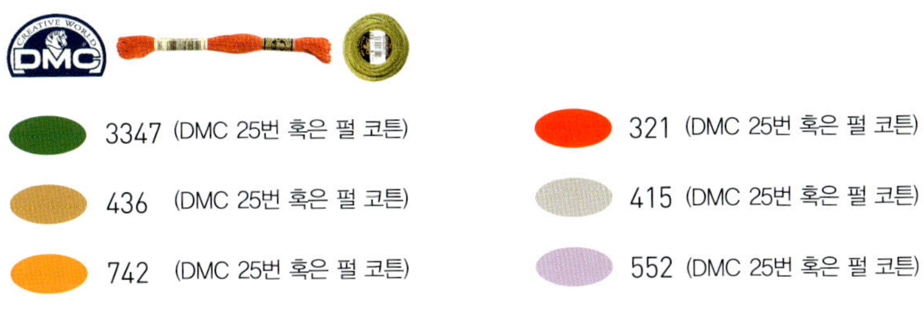

3347 (DMC 25번 혹은 펄 코튼)	321 (DMC 25번 혹은 펄 코튼)
436 (DMC 25번 혹은 펄 코튼)	415 (DMC 25번 혹은 펄 코튼)
742 (DMC 25번 혹은 펄 코튼)	552 (DMC 25번 혹은 펄 코튼)
611 (DMC 25번 혹은 펄 코튼)	

특별한 설명이 없으면
모두 4가닥으로 수놓습니다.

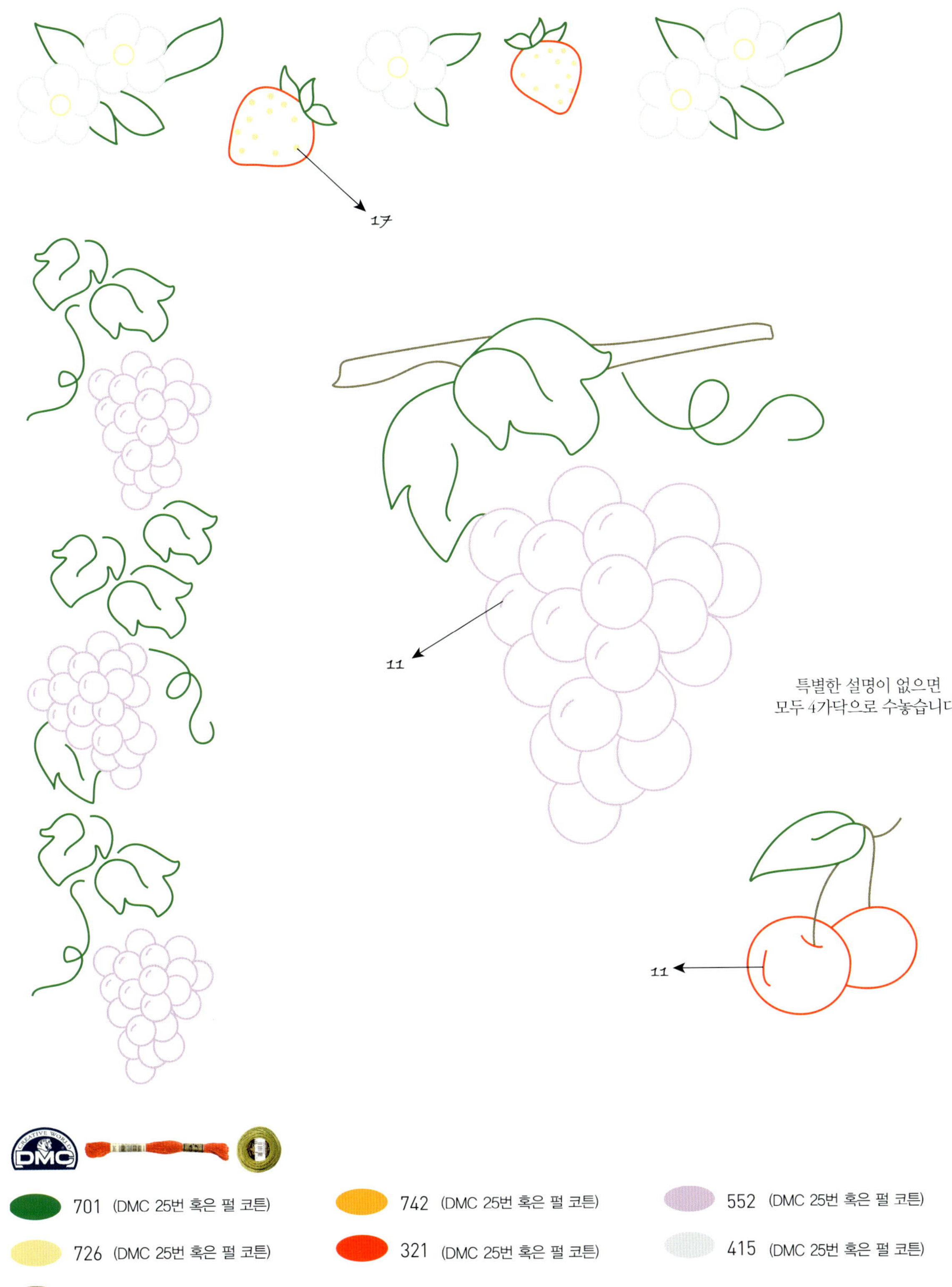

DMC

701 (DMC 25번 혹은 펄 코튼) 742 (DMC 25번 혹은 펄 코튼) 552 (DMC 25번 혹은 펄 코튼)

726 (DMC 25번 혹은 펄 코튼) 321 (DMC 25번 혹은 펄 코튼) 415 (DMC 25번 혹은 펄 코튼)

611 (DMC 25번 혹은 펄 코튼)

701 (DMC 25번 혹은 펄 코튼)
703 (DMC 25번 혹은 펄 코튼)
726 (DMC 25번 혹은 펄 코튼)
742 (DMC 25번 혹은 펄 코튼)
321 (DMC 25번 혹은 펄 코튼)
552 (DMC 25번 혹은 펄 코튼)
611 (DMC 25번 혹은 펄 코튼)

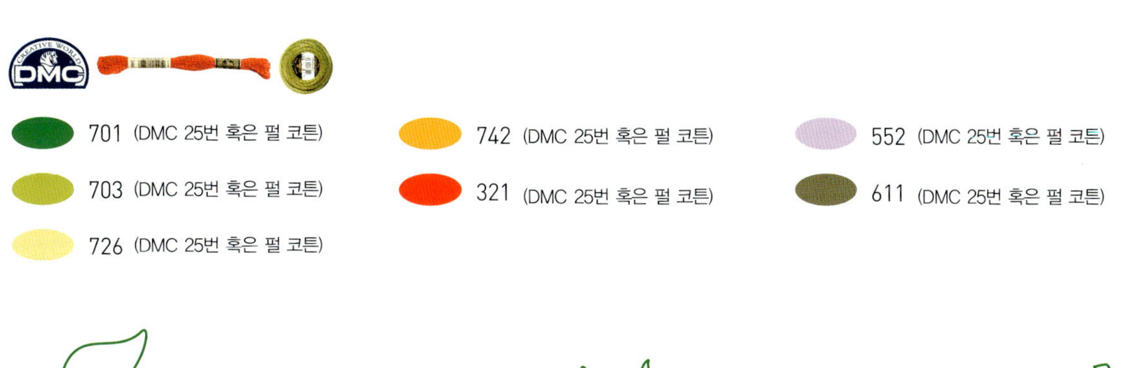

특별한 설명이 없으면
모두 4가닥으로 수놓습니다.

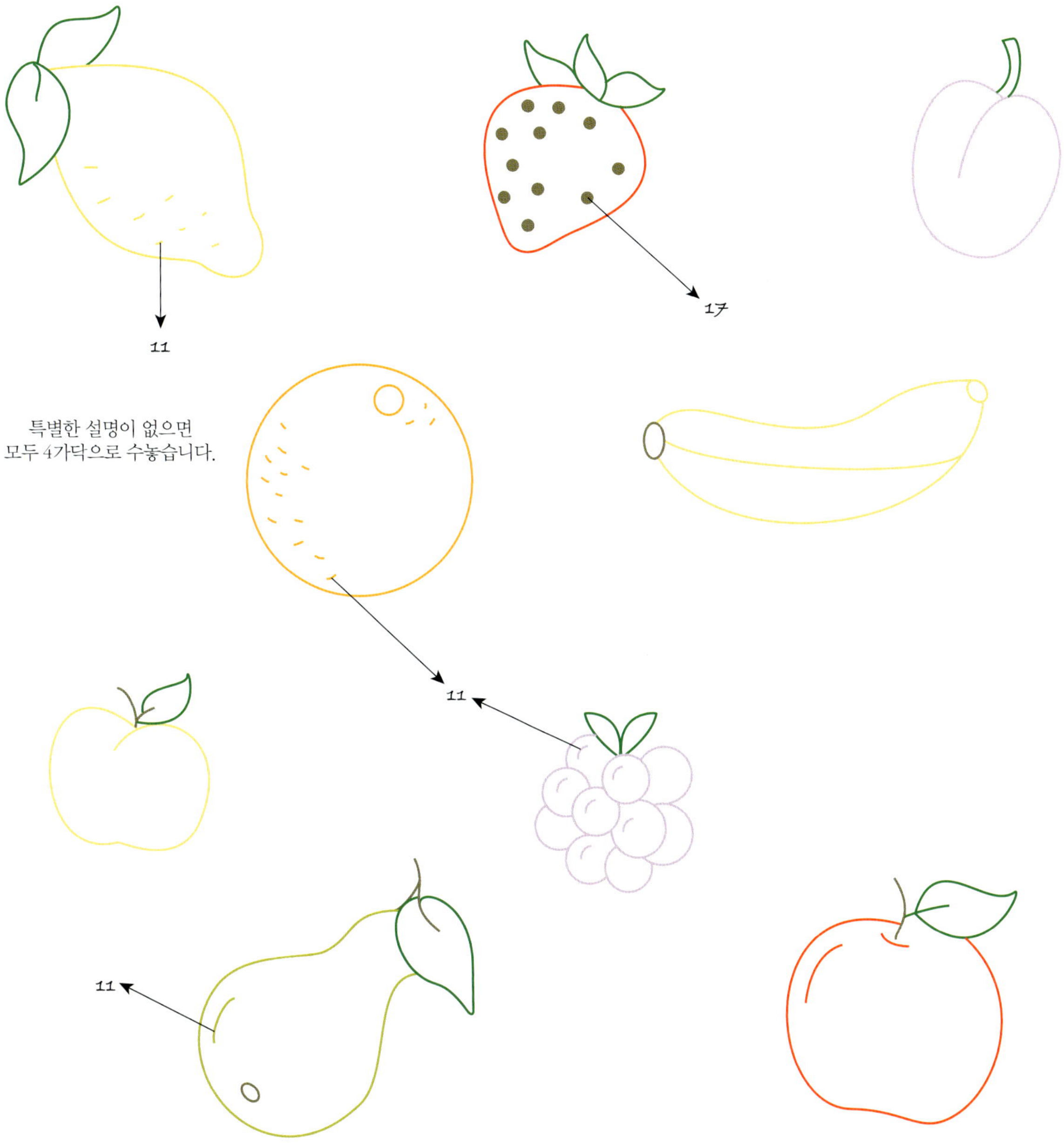

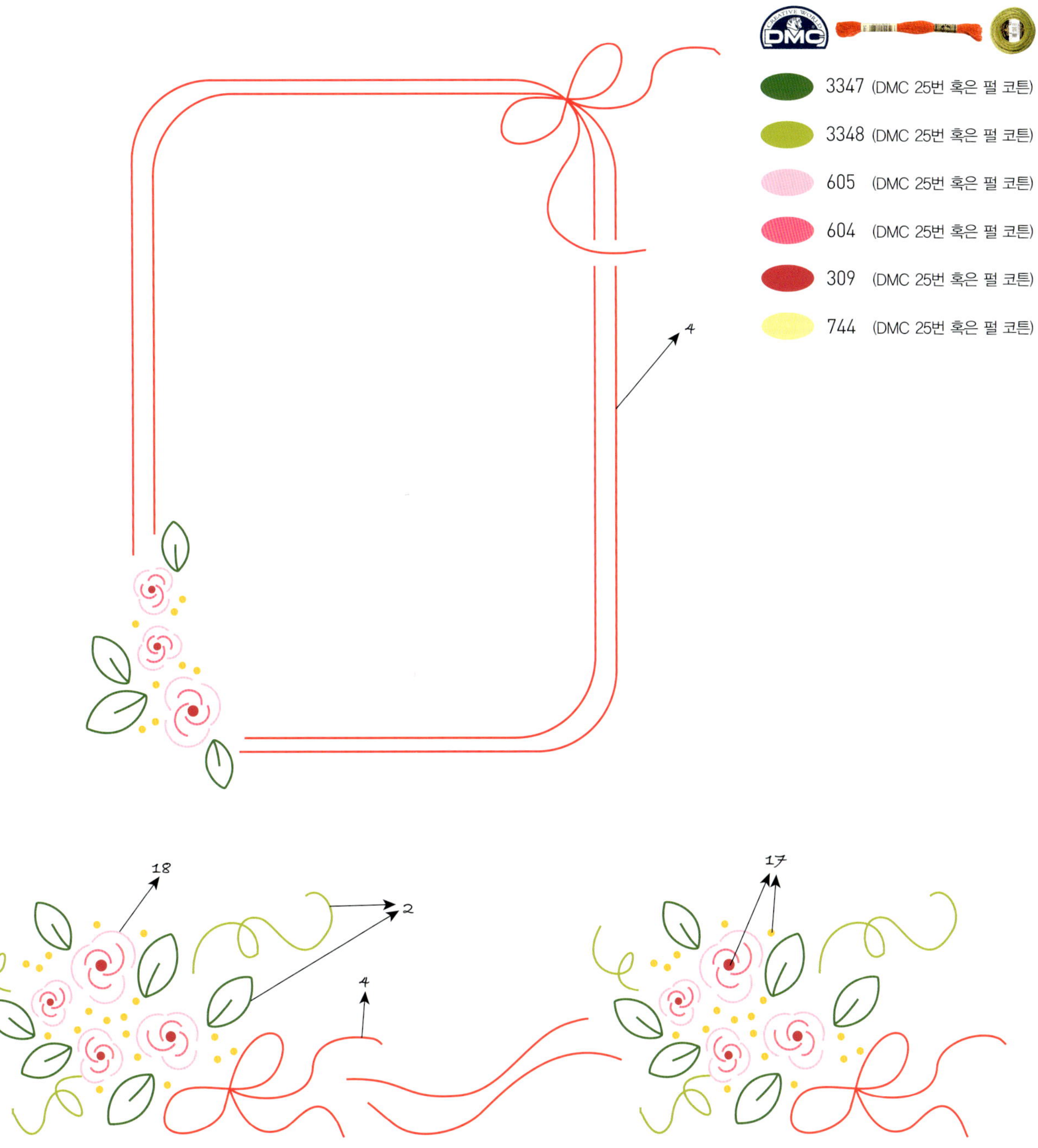

3347 (DMC 25번 혹은 펄 코튼)
3348 (DMC 25번 혹은 펄 코튼)
605 (DMC 25번 혹은 펄 코튼)
604 (DMC 25번 혹은 펄 코튼)
309 (DMC 25번 혹은 펄 코튼)
744 (DMC 25번 혹은 펄 코튼)
4
18
2
4
17

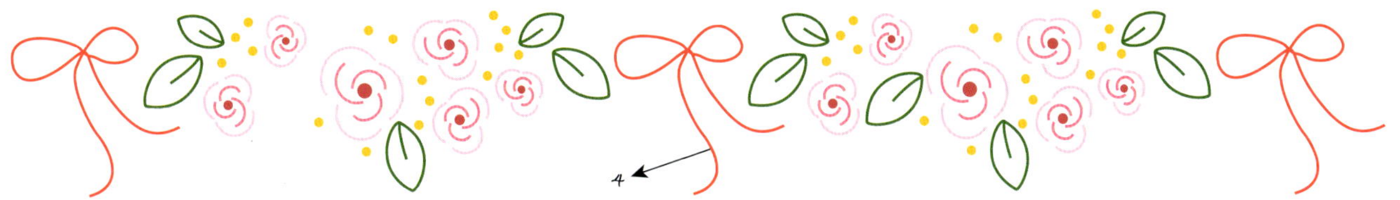

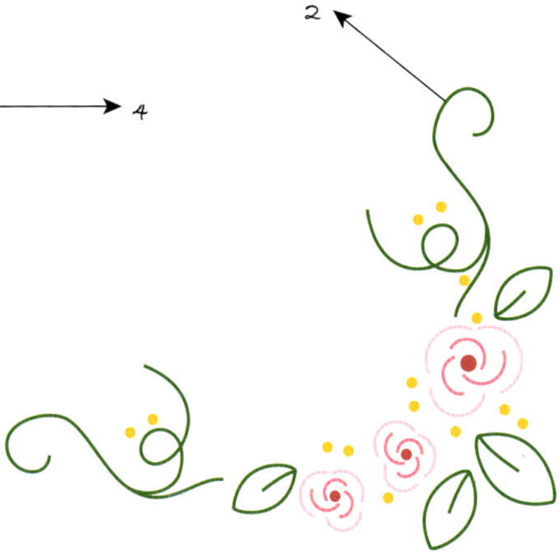

3347 (DMC 25번 혹은 펄 코튼)

3348 (DMC 25번 혹은 펄 코튼)

605 (DMC 25번 혹은 펄 코튼)

604 (DMC 25번 혹은 펄 코튼)

309 (DMC 25번 혹은 펄 코튼)

744 (DMC 25번 혹은 펄 코튼)

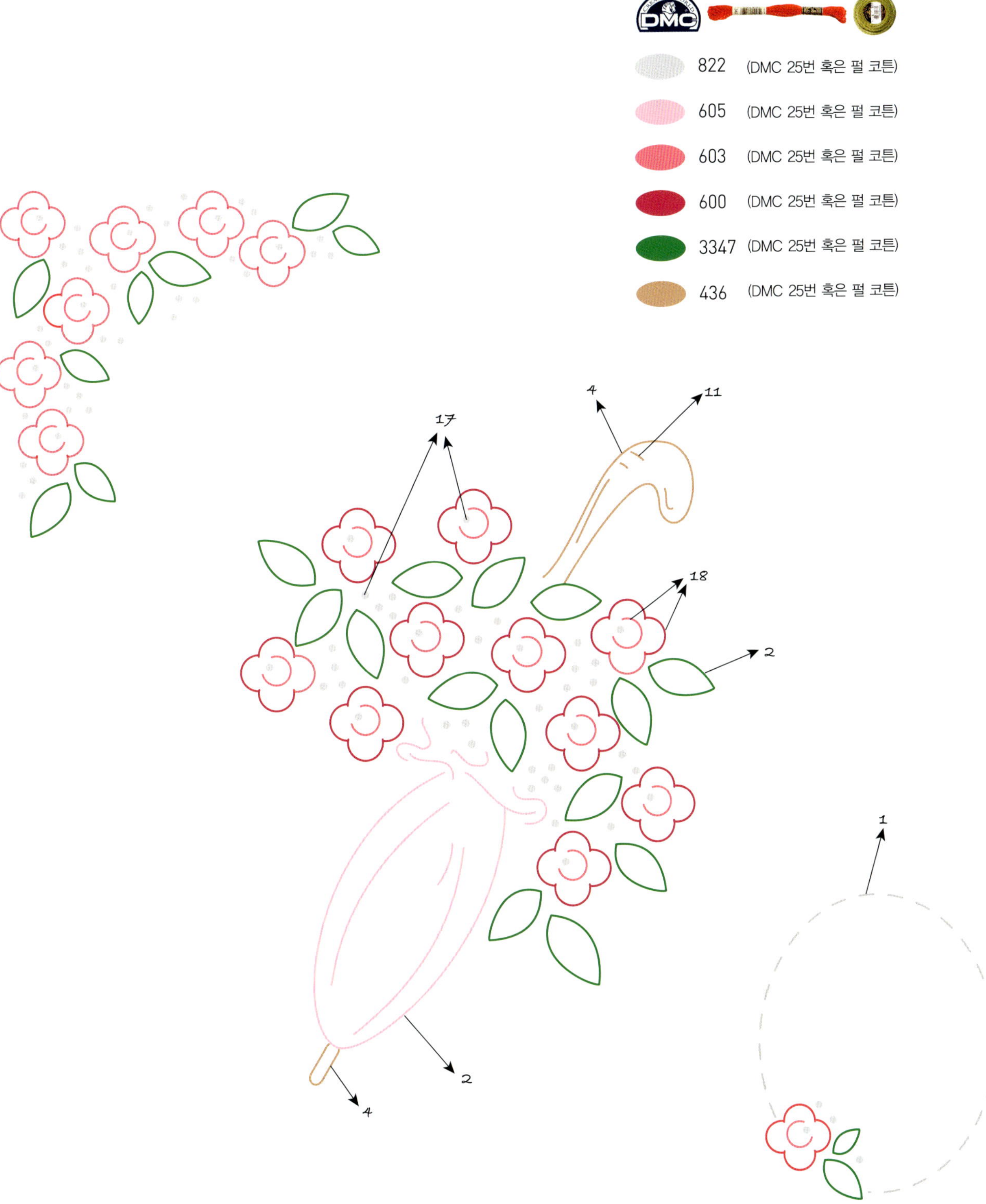

822 (DMC 25번 혹은 펄 코튼)
605 (DMC 25번 혹은 펄 코튼)
603 (DMC 25번 혹은 펄 코튼)
600 (DMC 25번 혹은 펄 코튼)
3347 (DMC 25번 혹은 펄 코튼)
436 (DMC 25번 혹은 펄 코튼)
17
4
11
18
2
1
2
4

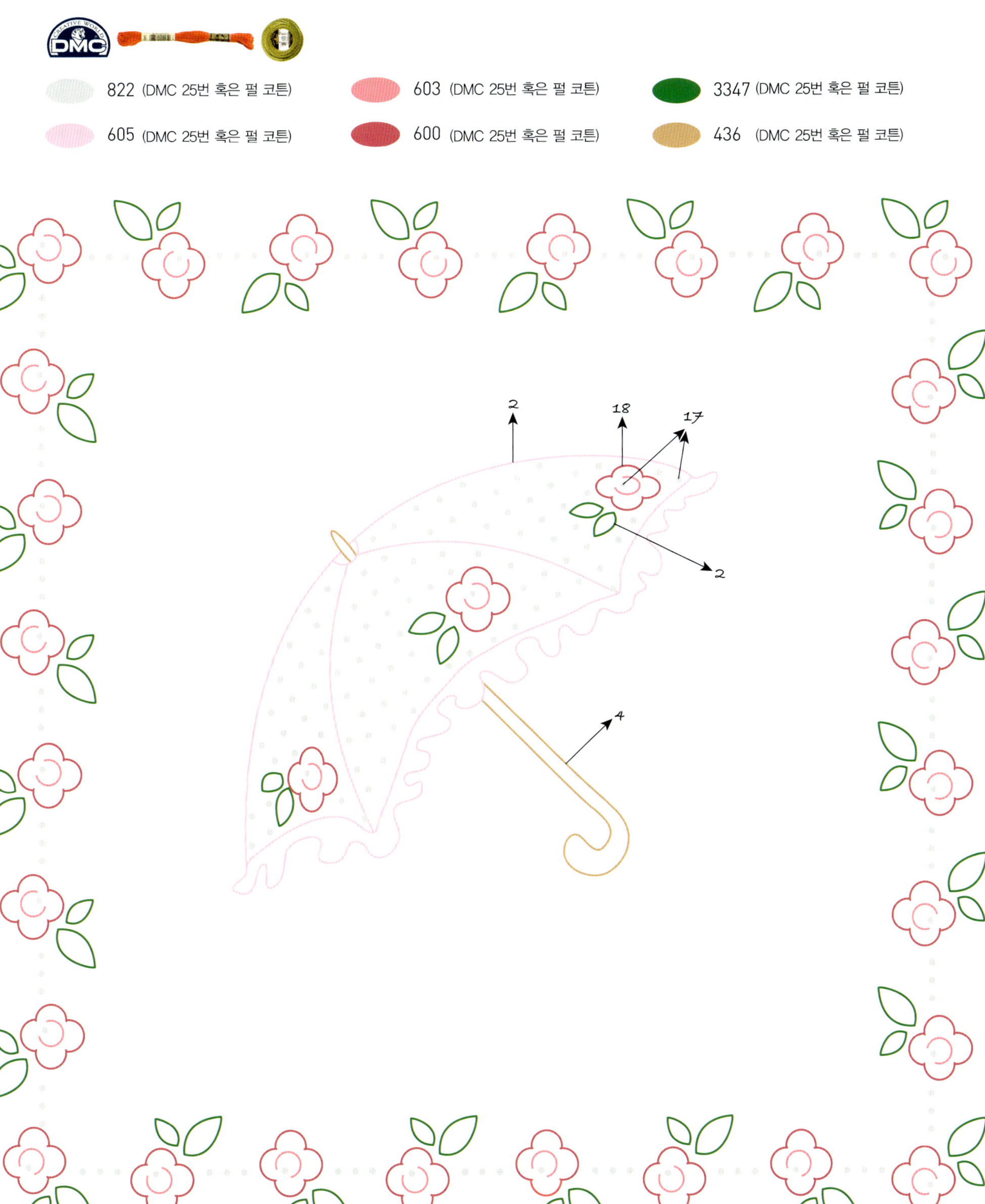

822 (DMC 25번 혹은 펄 코튼)
603 (DMC 25번 혹은 펄 코튼)
3347 (DMC 25번 혹은 펄 코튼)
605 (DMC 25번 혹은 펄 코튼)
600 (DMC 25번 혹은 펄 코튼)
436 (DMC 25번 혹은 펄 코튼)
2
18
17
2
4

DMC
799 (DMC 25번 혹은 펄 코튼)
3326 (DMC 25번 혹은 펄 코튼)
335 (DMC 25번 혹은 펄 코튼)
726 (DMC 25번 혹은 펄 코튼)
742 (DMC 25번 혹은 펄 코튼)
703 (DMC 25번 혹은 펄 코튼)
701 (DMC 25번 혹은 펄 코튼)
433 (DMC 25번 혹은 펄 코튼)
17
13
15
17
5
11

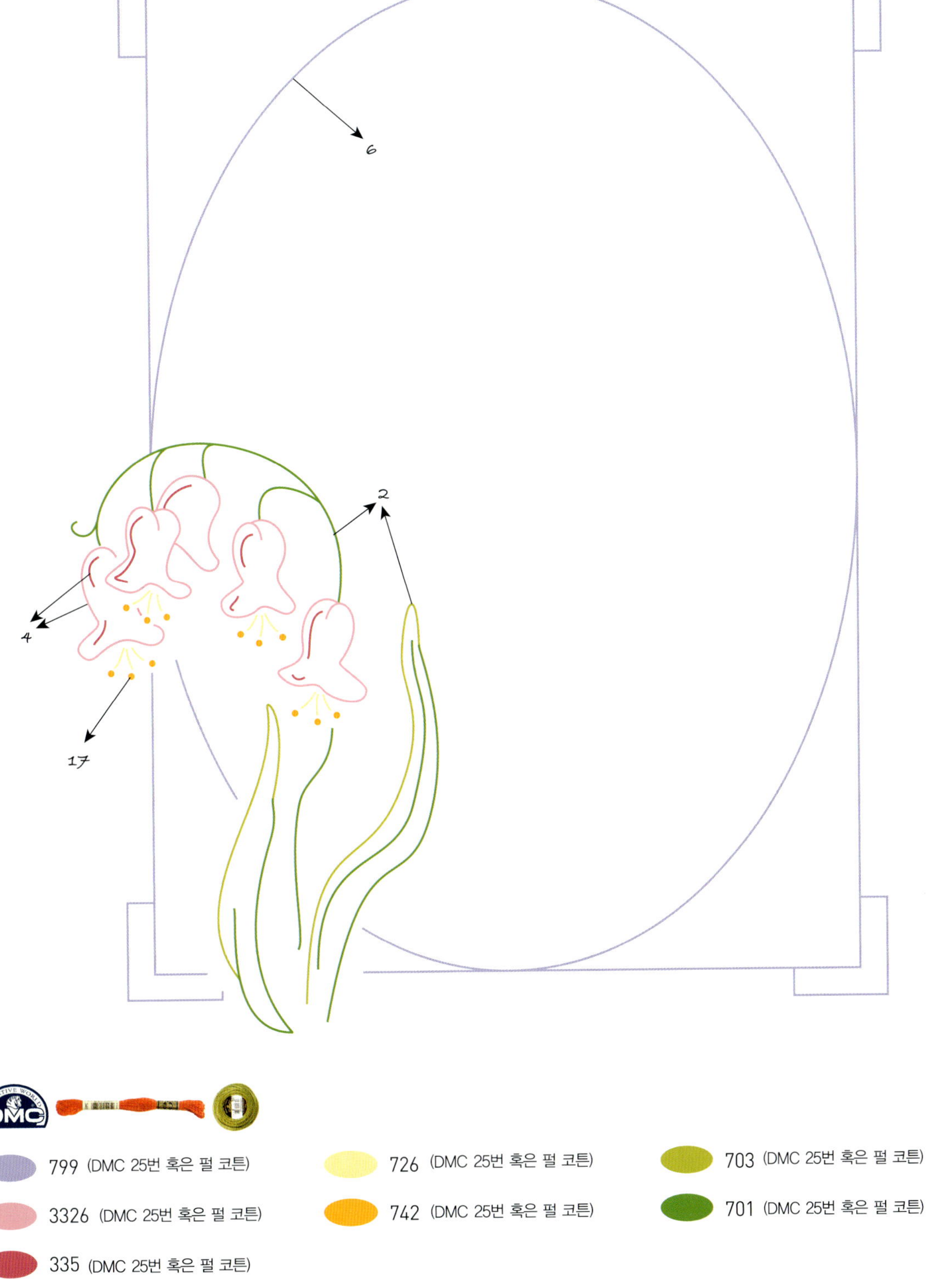

799 (DMC 25번 혹은 펄 코튼)

3326 (DMC 25번 혹은 펄 코튼)

335 (DMC 25번 혹은 펄 코튼)

726 (DMC 25번 혹은 펄 코튼)

742 (DMC 25번 혹은 펄 코튼)

703 (DMC 25번 혹은 펄 코튼)

701 (DMC 25번 혹은 펄 코튼)

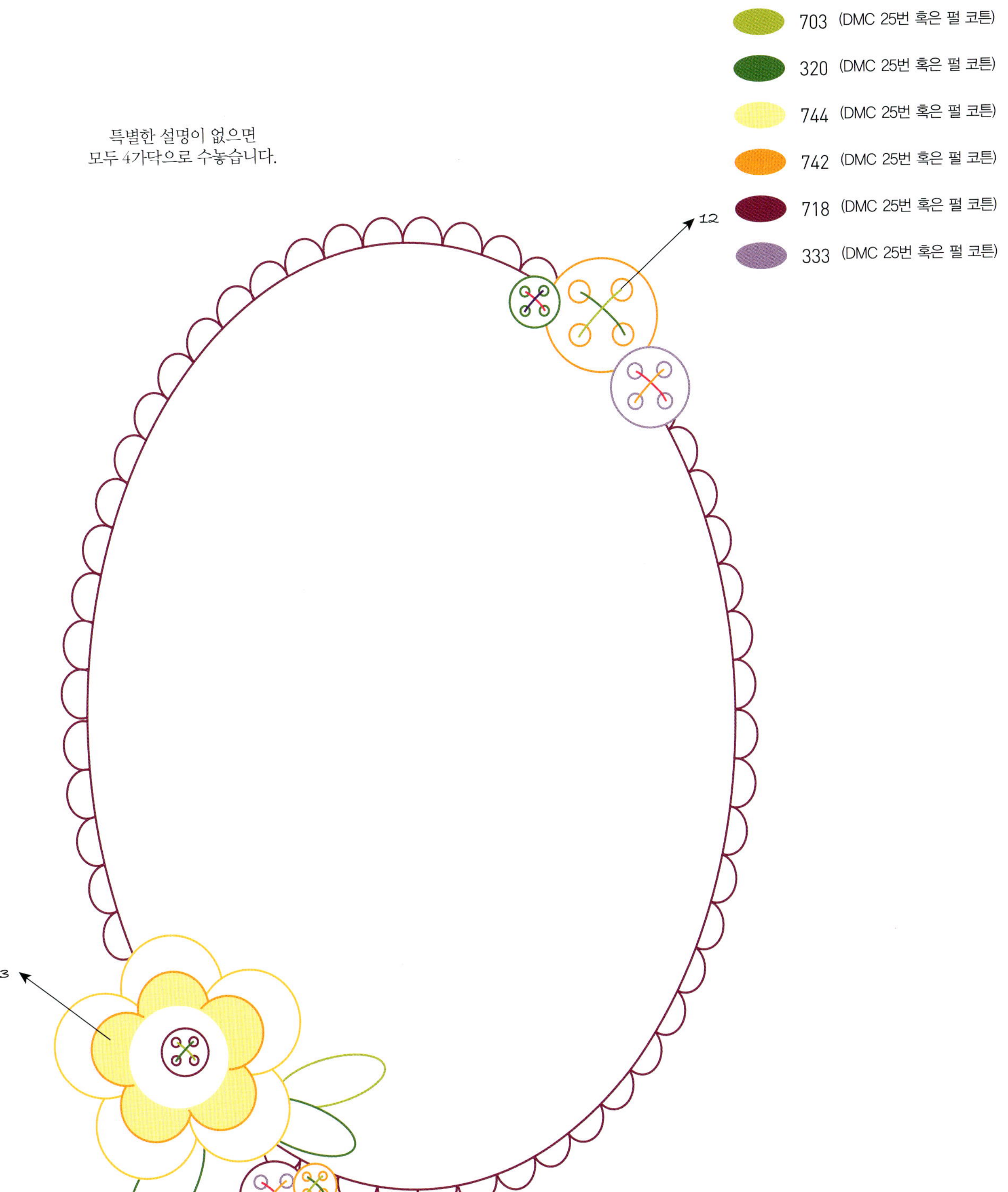
특별한 설명이 없으면
모두 4가닥으로 수놓습니다.

12

13

703 (DMC 25번 혹은 펄 코튼)
320 (DMC 25번 혹은 펄 코튼)
744 (DMC 25번 혹은 펄 코튼)
742 (DMC 25번 혹은 펄 코튼)
718 (DMC 25번 혹은 펄 코튼)
333 (DMC 25번 혹은 펄 코튼)

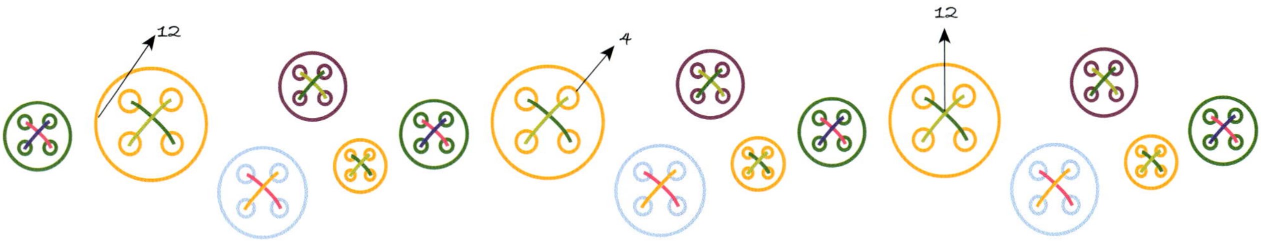

12

4

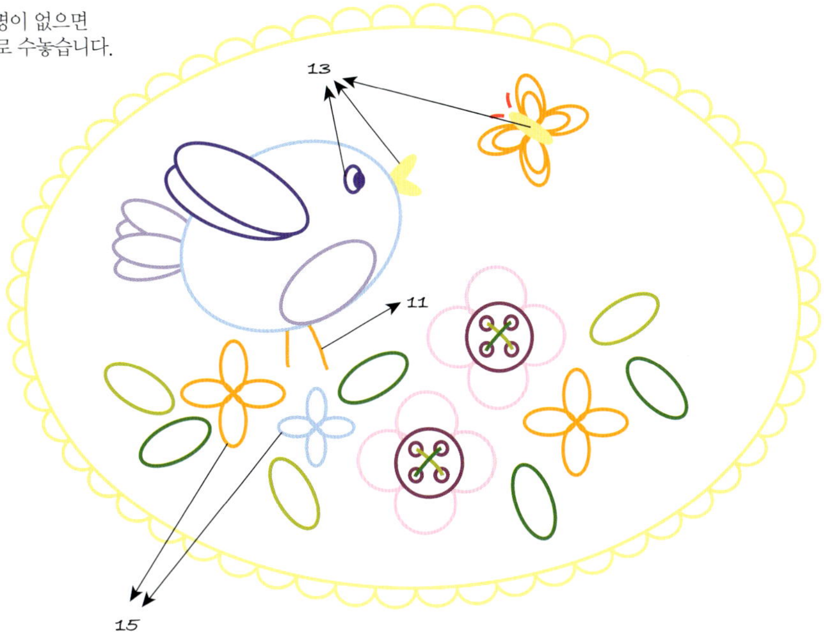

12

13

11

15

13

13

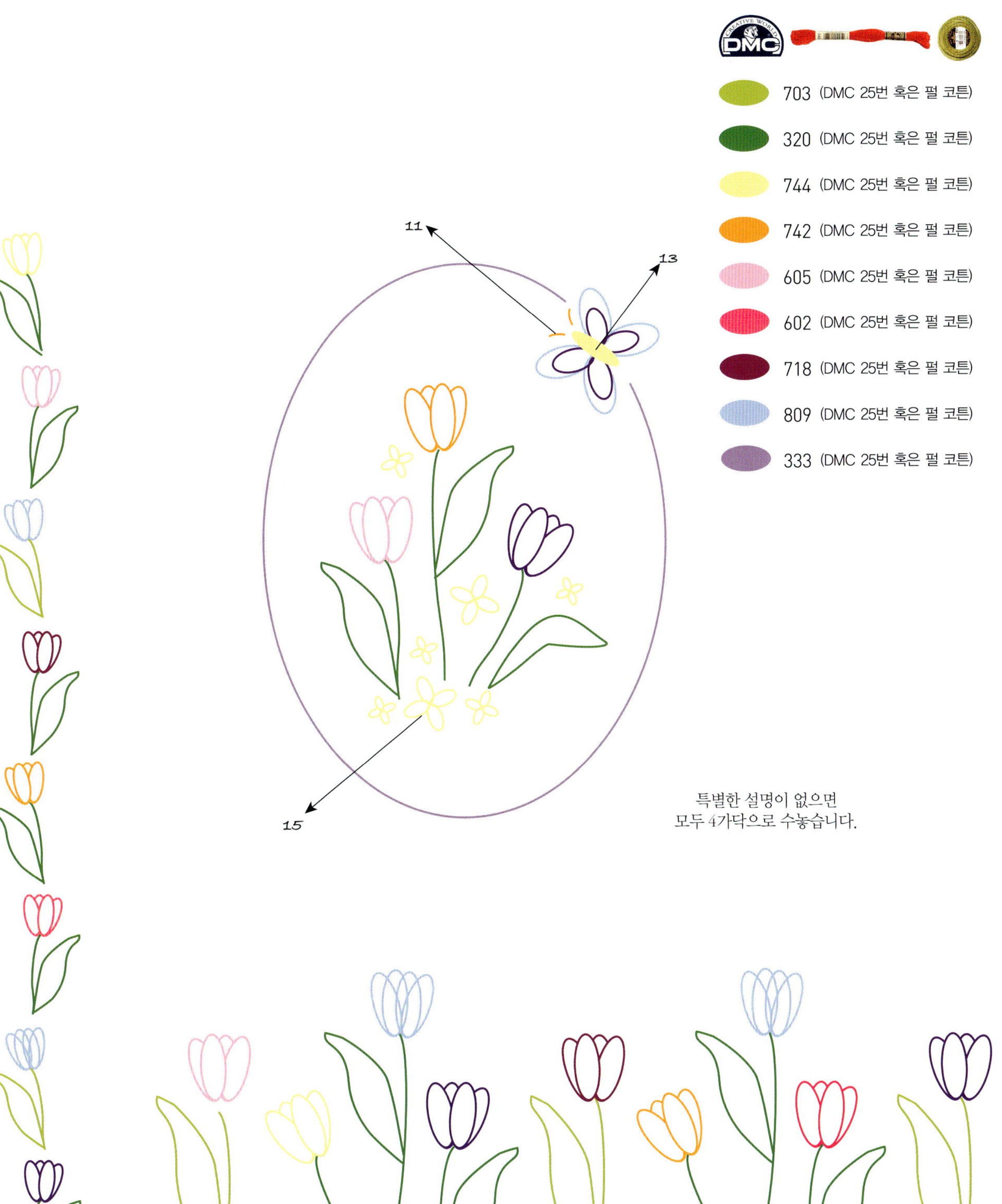

703 (DMC 25번 혹은 펄 코튼)
320 (DMC 25번 혹은 펄 코튼)
744 (DMC 25번 혹은 펄 코튼)
742 (DMC 25번 혹은 펄 코튼)
605 (DMC 25번 혹은 펄 코튼)
602 (DMC 25번 혹은 펄 코튼)
718 (DMC 25번 혹은 펄 코튼)
809 (DMC 25번 혹은 펄 코튼)
333 (DMC 25번 혹은 펄 코튼)
11
13
15
특별한 설명이 없으면
모두 4가닥으로 수놓습니다.

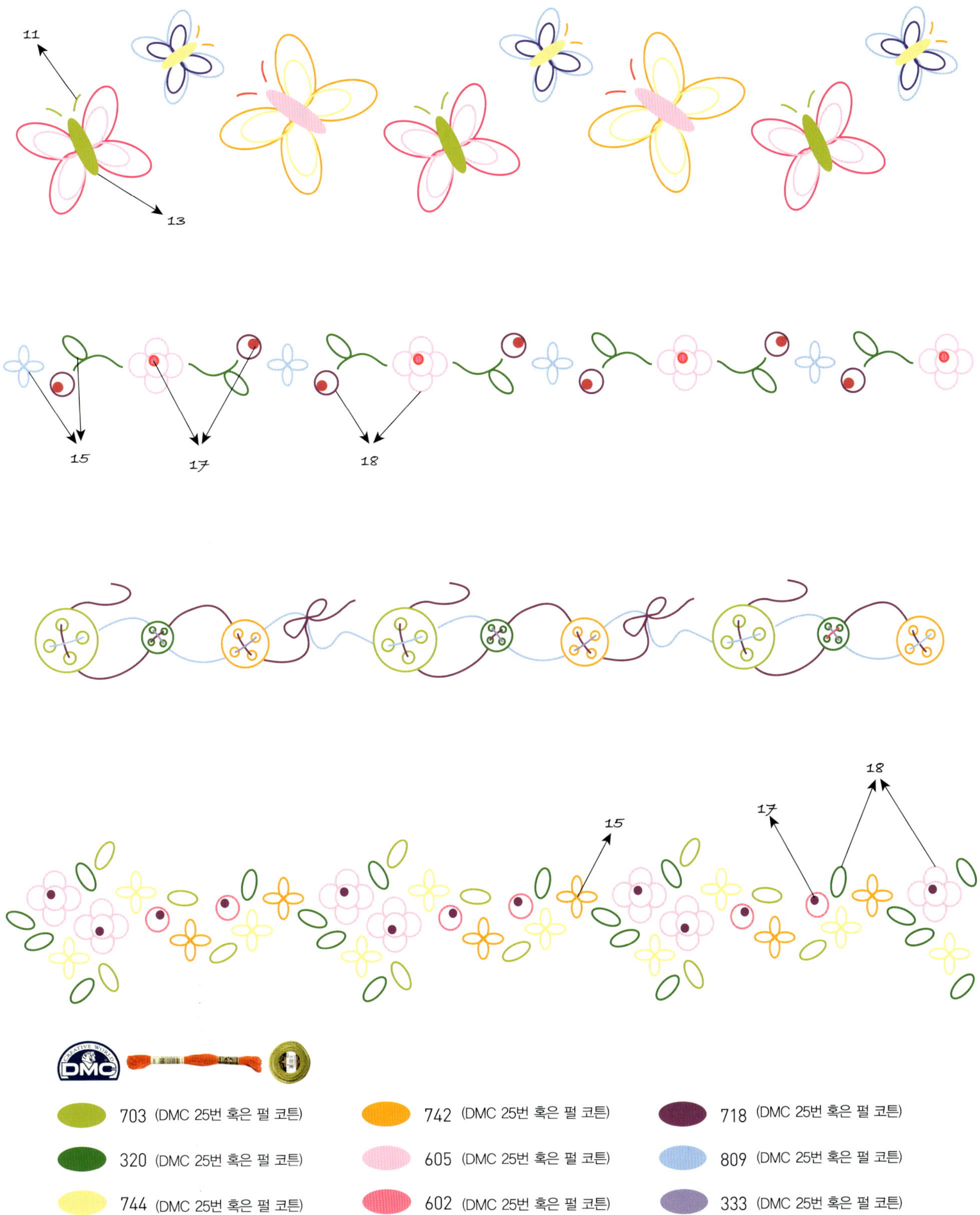

11
13
15
17
18
15
17
18
DMC
703 (DMC 25번 혹은 펄 코튼)
320 (DMC 25번 혹은 펄 코튼)
744 (DMC 25번 혹은 펄 코튼)
742 (DMC 25번 혹은 펄 코튼)
605 (DMC 25번 혹은 펄 코튼)
602 (DMC 25번 혹은 펄 코튼)
718 (DMC 25번 혹은 펄 코튼)
809 (DMC 25번 혹은 펄 코튼)
333 (DMC 25번 혹은 펄 코튼)

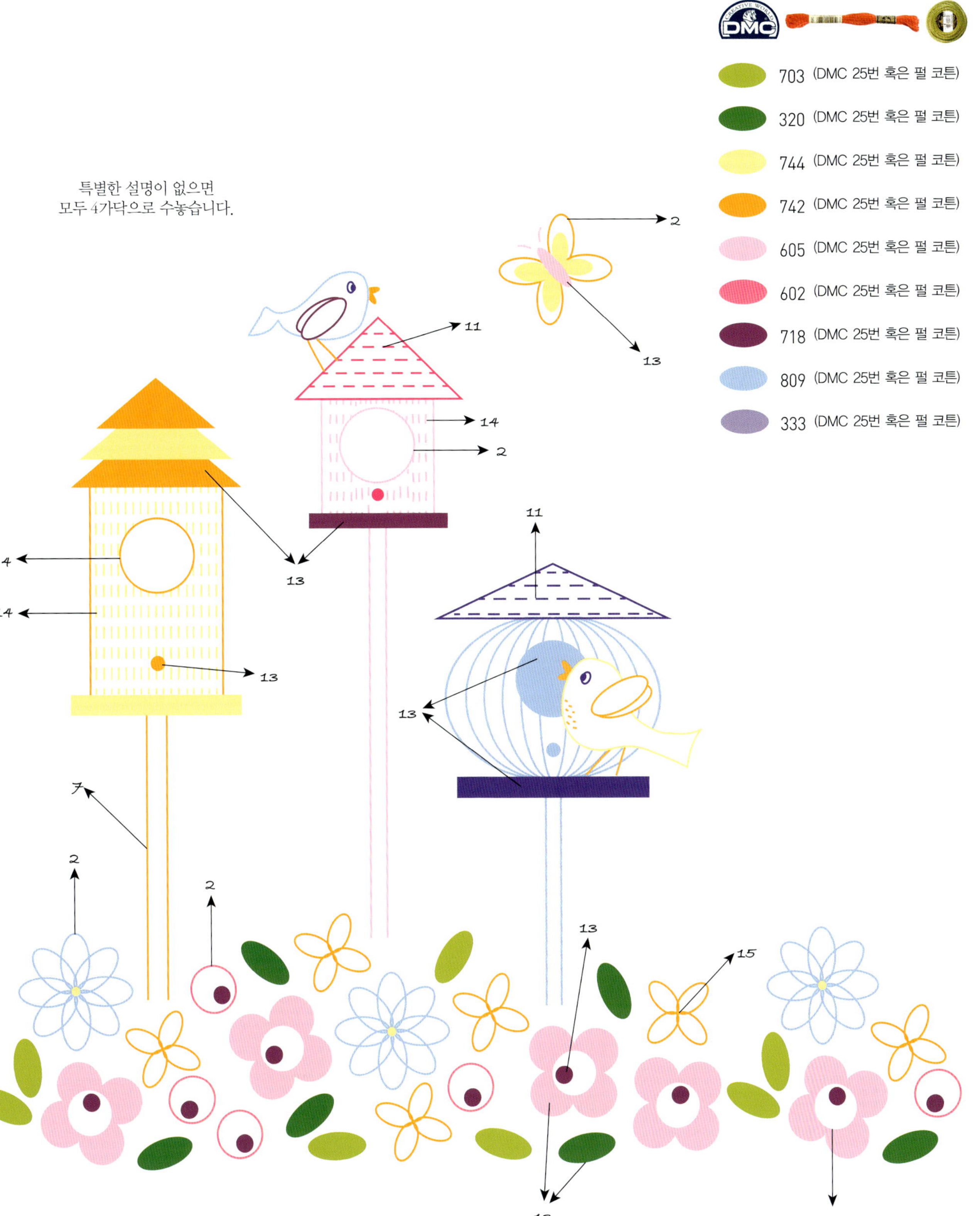

DMC
703 (DMC 25번 혹은 펄 코튼)
320 (DMC 25번 혹은 펄 코튼)
744 (DMC 25번 혹은 펄 코튼)
742 (DMC 25번 혹은 펄 코튼)
605 (DMC 25번 혹은 펄 코튼)
602 (DMC 25번 혹은 펄 코튼)
718 (DMC 25번 혹은 펄 코튼)
809 (DMC 25번 혹은 펄 코튼)
333 (DMC 25번 혹은 펄 코튼)
특별한 설명이 없으면
모두 4가닥으로 수놓습니다.
2
13
11
14
2
13
4
14
13
11
13
7
2
2
13
15
13
2

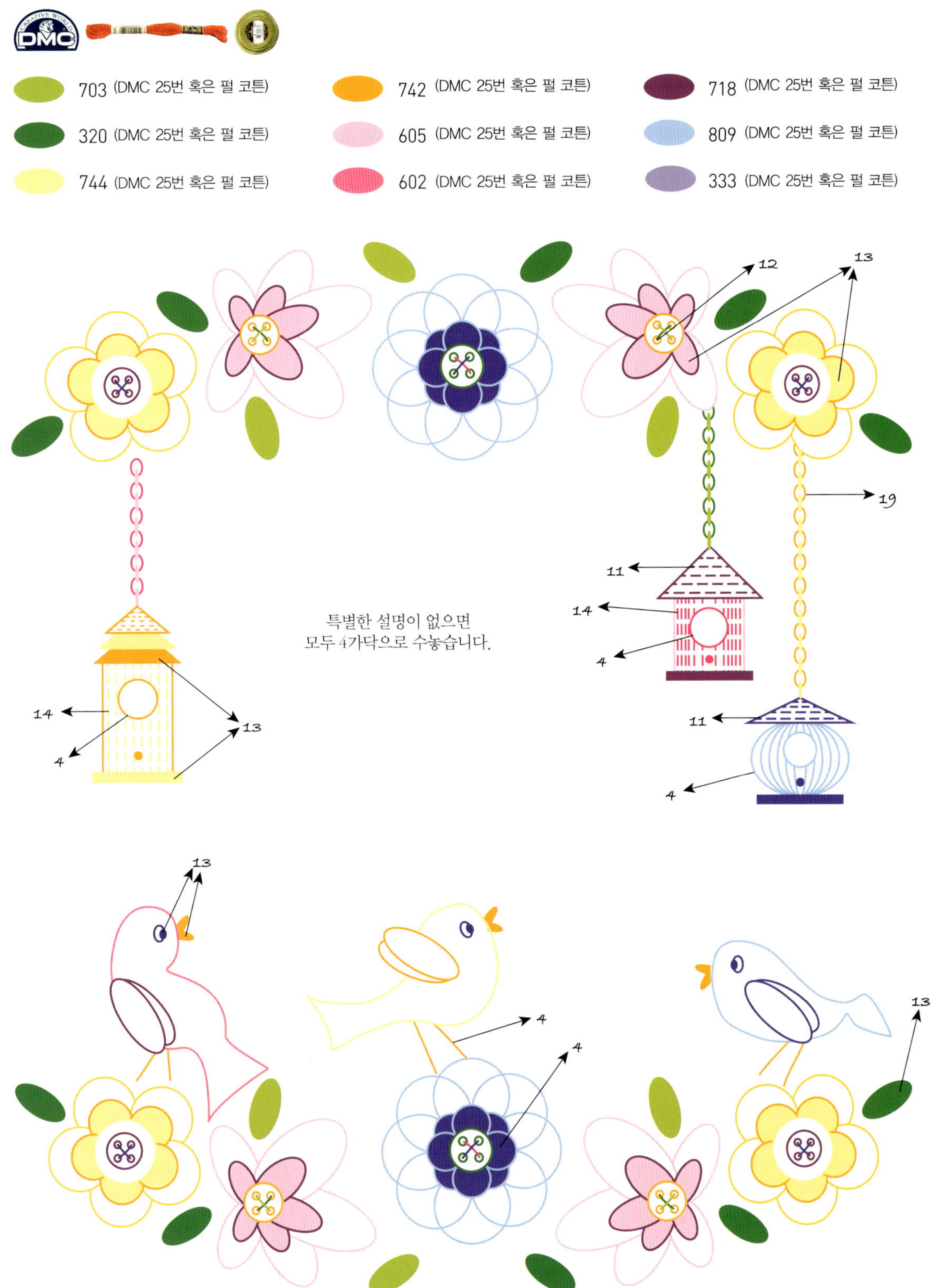

703 (DMC 25번 혹은 펄 코튼)
320 (DMC 25번 혹은 펄 코튼)
744 (DMC 25번 혹은 펄 코튼)
742 (DMC 25번 혹은 펄 코튼)
605 (DMC 25번 혹은 펄 코튼)
602 (DMC 25번 혹은 펄 코튼)
718 (DMC 25번 혹은 펄 코튼)
809 (DMC 25번 혹은 펄 코튼)
333 (DMC 25번 혹은 펄 코튼)
특별한 설명이 없으면
모두 4가닥으로 수놓습니다.

5
19
9
16
7
15
8
2
DMC
703 (DMC 25번 혹은 펄 코튼)
320 (DMC 25번 혹은 펄 코튼)
605 (DMC 25번 혹은 펄 코튼)
718 (DMC 25번 혹은 펄 코튼)

703 (DMC 25번 혹은 펄 코튼)
742 (DMC 25번 혹은 펄 코튼)
718 (DMC 25번 혹은 펄 코튼)
320 (DMC 25번 혹은 펄 코튼)
605 (DMC 25번 혹은 펄 코튼)
809 (DMC 25번 혹은 펄 코튼)
744 (DMC 25번 혹은 펄 코튼)
602 (DMC 25번 혹은 펄 코튼)
333 (DMC 25번 혹은 펄 코튼)

특별한 설명이 없으면
모두 4가닥으로 수놓습니다.

703 (DMC 25번 혹은 펄 코튼)
320 (DMC 25번 혹은 펄 코튼)
744 (DMC 25번 혹은 펄 코튼)
742 (DMC 25번 혹은 펄 코튼)
605 (DMC 25번 혹은 펄 코튼)
602 (DMC 25번 혹은 펄 코튼)
436 (DMC 25번 혹은 펄 코튼)
433 (DMC 25번 혹은 펄 코튼)
3325 (DMC 25번 혹은 펄 코튼)

13
13
1
2
11
16
15
12
특별한 설명이 없으면
모두 4가닥으로 수놓습니다.
DMC
703 (DMC 25번 혹은 펄 코튼)
320 (DMC 25번 혹은 펄 코튼)
744 (DMC 25번 혹은 펄 코튼)
742 (DMC 25번 혹은 펄 코튼)
605 (DMC 25번 혹은 펄 코튼)
602 (DMC 25번 혹은 펄 코튼)
436 (DMC 25번 혹은 펄 코튼)
433 (DMC 25번 혹은 펄 코튼)
3325 (DMC 25번 혹은 펄 코튼)
550 (DMC 25번 혹은 펄 코튼)
209 (DMC 25번 혹은 펄 코튼)

특별한 설명이 없으면
모두 4가닥으로 수놓습니다.

703 (DMC 25번 혹은 펄 코튼)
320 (DMC 25번 혹은 펄 코튼)
744 (DMC 25번 혹은 펄 코튼)
742 (DMC 25번 혹은 펄 코튼)

605 (DMC 25번 혹은 펄 코튼)
602 (DMC 25번 혹은 펄 코튼)
436 (DMC 25번 혹은 펄 코튼)
433 (DMC 25번 혹은 펄 코튼)

3325 (DMC 25번 혹은 펄 코튼)
415 (DMC 25번 혹은 펄 코튼)

703 (DMC 25번 혹은 펄 코튼)
320 (DMC 25번 혹은 펄 코튼)
744 (DMC 25번 혹은 펄 코튼)
742 (DMC 25번 혹은 펄 코튼)
605 (DMC 25번 혹은 펄 코튼)
602 (DMC 25번 혹은 펄 코튼)
436 (DMC 25번 혹은 펄 코튼)
433 (DMC 25번 혹은 펄 코튼)
3325 (DMC 25번 혹은 펄 코튼)
특별한 설명이 없으면
모두 4가닥으로 수놓습니다.